그리스 사유의 기원

차례
Contents

헬라스란 말의 역사적 의미

'헬라스적 사상'의 실체란 무엇인가? 정녕 그런 것이 있다고 한다면, 그것은 어떤 사유 형식을 띠고 있는 것일까? 흔히 말하듯이 헬라스 철학의 아르케(시원)가 신화적 사고로부터 이성적 사고에로의 코페르니쿠스적 사고방식의 전회(轉回)라고 한다면, 그러한 전환과 발전이 어떻게 가능할 수 있었을까? 아니, 철학의 출발에 대한 그러한 설명을 가능하게 하는 근거 내지 까닭은 무엇인가? 그 '무엇'에 대한 설명이 주어지지 않는다면, '신화적 사고에서 합리적 사고에로'라는 철학사적 시원에서의 상투적 어구는 그저 불어오는 바람소리(flatus vocis)에 불과하지 않겠는가?

헬라스인들은 어떤 과정을 거쳐 그들의 정신을 찾아내었고,

3

그렇게 형성된 사유를 어떻게 발전시킬 수 있었는가? 이런 물음들이 이 글에서 다루게 될 우리의 관심사이다.

본격적으로 헬라스적 사고의 정체를 파악하고 이해하기에 앞서, 우선 '헬라스'란 말의 의미를 이해하는 일부터 시작해 보자. 오늘날 우리가 '그리스'라고 부르는 것은 라틴어 '그라이키아' 혹은 '그라이치아(Graecia)'에서 유래한 영어식 표현이다. 이것은 당시 로마인들이 헬라스인들을 그라이코이(Graikoi)라고 부르고, 그들이 살던 곳을 '그라이키아'라고 한 데서 비롯되었다.

헬라스인들의 대홍수와 관련된 주인공들은 데우칼리온과 퓌라이다. 대홍수 이후 이들이 정착한 테살리아 지역에 그들의 아들인 헬렌(Hellēn)이 세운 나라가 헬라스이다. 이들의 후손으로부터 여러 부족이 형성되었는데, 이들 모두를 통틀어 '헬렌의 후손들(헬레네스, Hellēnes)'이라고 일컫게 되었고, 이들이 사는 지역 전체를 '헬라스'라고 부르게 되었다.

호메로스의 시에는 아직 '전체 헬라스'를 집합적으로 부르는 말은 사용되지 않았다. 그의 시에서 헬라스는, 나중에 테살리아라고 부르는 지역에 위치한 페레우스 왕국의 어떤 지역만을 가리켰다(『일리아스』 제2권 683행).

'모든 헬라스'를 가리키는 헬라스라는 말은 헤시오도스에게서 맨 처음 나타난다. 오늘날 그들이 자신들을 Ellada, Hellēnas, Hellēnida(그리스, 그리스 사람–남, 여)로 부르듯이, 고대의 그리스인들은 자신들을 '헬레네스(Hellēnes)'라고 부르고, 자신들의 나라를 '헬라스(ē Hellas)'라고 불렀다. '헬레네스'는 '헬라스의 거주자들'이라는 의미도 가지고 있다(헤로도토스, 『역사』 제1권).

호메로스의 『일리아스』 『오뒷세이아』를 읽다 보면 트로이아로 원정을 간 사람들을 지칭하는 말로 '아카이아인들' '다나오스인들'이라는 표현이 등장하는데, 이 표현은 모두 헬라스인들을 가리키는 말이다. 아카이아는 고대 헬라스 펠로폰네소스 반도 북부 지역을 일컫는 말이다. 호메로스가 헬라스인들을 '아카이오이' '아르게이오이' '다나오이'라고 그때그때마다 다르게 부르는 것도 서로 다른 지역 출신의 사람(군인)들을 가리키는 것에 지나지 않는다.

고대 헬라스의 역사

고대 헬라스의 역사적 전개는 어떤 과정을 거쳐서 이루어졌는가? 헬라스 역사 이전과 이후 시기는 대략 다음과 같이 구분된다.

초기의 토착민을 중심으로 하는 헬라딕 문명에 뒤이어, 상무(尙武)적 특징을 가지는 미뉘아인들의 침입이 있었고, 기원전 12세기 혹은 11세기경에 뮈케네 문명이 도리아인의 침입으로 완전히 파괴된 후, 기원전 1100~900년경에 암흑시대가 도래하였다. 기원전 900~725년경에는 기하학적 문양의 시기가 있었고, 기원전 725~650년 사이에는 본격적인 오리엔트화의 시기가 이어졌다. 기원전 650~500년경에는 알카익기(상고시대)가, 기원전 500~330년경에는 헬라스의 황금시대라는 고전기(古典期)가, 기원전 330~67년 사이에는 헬레니즘의 시기가, 기원전 67년경부터 기원후 323년 사이에는 헬라스-로마 문명 시기가 차례로 전개되었다. 일반적으로 사용하는 '헬레니즘적' 혹은 '헬라스적인 것에 관한(Hellenistic)'이라는 말은 '헬라스어를 말하다(hellēnizō)'에서 온 Hellēnistēs란 말에서 유래한다.

헬라스의 문명은 고전기(Classical age)에 들어 그 찬란한 문화를 꽃피우기 전까지 몇 단계의 역사적 과정과 변혁의 시대를 거쳐야 했다. 헬라스 본토인 아테네를 중심으로 하는 아티카 지역에서 헬라스인들의 문명이 형성되기에 앞서, 이집트와 소아시아 문명의 영향으로 생겨난 에게 해 섬을 중심으로 하는 퀴클라데스 문명과 크레타 문명이 있었다. 이 문명을 이어받은 펠레폰네소스 반도 북부 지역에는 뮈케네 문명이 성립되었다. 뮈케네 시대가 바로 호메로스 시문학의 토대가 된다. 그후 뮈케네가 도리아인의 침입으로 무너지면서 약 500년간에 걸친 암흑의 시기가 있었다.

신석기 시대 초기인 기원전 7000년경에 최초로 사람들이 크레타 섬에 등장하기 시작했다. 본격적인 문명이 태동하기 이전인 기원전 2600~1900년경에는 아직 왕도 궁전도 존재하지 않았다. 최초의 궁전 중심 문명은 기원전 1900(2000)년경에 크레타 섬의 크노소스, 파이스토스, 말리아, 자크로스 등에서 구축되었다. 기원전 1700년경에, 추측하건대 지진에 의해 파괴된 궁전 문명은 기원전 1700~1400년경에 동일한 장소에서 '신궁전 문명'으로 새로이 구축되었다. 기원전 1450~1380년경에 크레타를 지배하던 뮈케네인들은 선상문자(線狀文字) A를 변형한 선상문자 B를 사용하였고, 새로운 생활양식과 예술 방식을 크레타에 도입했다. 기원전 1380년경에 크노소스 궁전은 알려지지 않은 원인으로 최종적으로 파괴되었다. 베르낭 같은 학자는 크노소스 궁전의 파괴를 가져온 대환난이 원주민의 폭동으로 점화되었을 것이라고 추정하고 있다.

기원전 14세기에서 12세기에 걸쳐서 지중해 서부에서 지속되었던 뮈케네의 팽창은, 크레타 인을 계승한 아카이아인들에게까지 그 세력이 미쳤다. 지역에 따라서 다소 시간상의 차이가 있었다고 해도, 뮈케네인들은 거의 모든 곳에서 크레타인들을 대신하였다. 기원전 14세기가 시작되기 이전부터 이미 뮈케네인들은 로도스 섬을 식민지로 삼았다. 아카이아 왕은 로도스에서 그의 백성들이 거점을 마련하고 정착촌(식민지)을 세웠던 아나톨리아 해안의 여러 지점을 통제할 수 있었다. 아카이아인의 출현은 밀레토스(la Milawunda 혹은 Milawata hittite)에서, 콜로폰에서, 크라로스에서, 더 북쪽의 레스보스에서 그리고 특히 트로아스 지역 등에서 입증되고 있다. 이로써 뮈케네인들은 지중해 전 지역으로 뻗어나가며 헬라스 문명의 토대를 구축하기에 이른다.

뮈케네 역시 크레타와 마찬가지인 궁전 중심 체제로, 아낙스(anax)라 불리는 절대 군주를 중심으로 한 정치 체제를 이루고 있었다. 뮈케네의 궁전에는 크레타 출신의 서기들인 전문화된 집단이 모여들었는데, 그들은 뮈케네 왕들에게 궁전을 통치하기 위한 기술뿐만 아니라 그들을 보좌하는 참모 체제를 갖추게 하였다. 궁전 중심 체제는 헬라스의 군주들에게 권력을 통제하는 괄목할 만한 수단을 제공하였고, 광대한 영토에 걸쳐 엄격한 통제권을 확립할 수 있는 국가를 가능하게 하였다. 그럼으로써 나라 전체의 모든 부를 개발하고, 또 그 부를 군주의 손아귀에 넣어 축적할 수 있도록 하였으며, 중요 자원과 군사적 힘을 중앙 집권적 통제 밑에 집중시킬 수 있었다.

또한 궁전 중심 체제는 헬라스인들이 새로운 영토를 확보하기 위해 혹은 헬라스 본토에 부족한 금속과 다른 생산품을 찾기 위해 떠나갔던 해외로의 위대한 모험을 감행할 수 있게끔 하였다.

알카익기와 고전기

그러나 뮈케네 세력의 붕괴와 더불어 헬라스에는 새로운 문명의 시대가 열렸다. 철 야금술이 청동 야금술의 뒤를 잇고, 사자의 화장술이 지하 매장을 대체했으며, 도기의 문양도 기하학적 양식을 강조하는 시대로 바뀌었다. 도리아인의 침입에 의하여 뮈케네가 멸망하면서 헬라스에는 암흑시대가 도래했다. 이 시대는 호메로스의 서사시를 준비하는 시대였다. 호메로스 서사 시대를 거치면서 기원전 8세기경에, 헬라스 사유의 역사에 결정적 사건을 가져오는 폴리스가 출현하게 된다. 바로 이 지점이 헬라스 사유의 역사에서 가장 근본적인 변화를 가져온 기간이었다. 이후 헬라스는 상고 시기 혹은 고졸(古拙)기라 불리는 알카익기를 거쳐 고전기에 접어들기 시작한다.

흔히 '고전적'이란 말은 가장 성숙하고 가장 뛰어난 문화적 산물을 만들어낸 것을 의미한다. 헬라스에서 기원전 5~4세기, 특히 페리클레스의 시기를 그렇게 부른다. 이 시기는 문명의 최고 정점을 이루던 시기였다. 이런 의미에서라면 고전적 문명의 반대는 덜 완전하고, 덜 성숙한 문명이다. 따라서 고전기의 반대는 문명이 아직 그 성숙에 도달하지 못한 '고졸한 문명의 시대(archaism)'이고, 또 '상고 시기(primitivism)'이며, 다른 의미로는 '쇠퇴한(decadent) 문명'을 말하는 셈이 된다.

만일 '고전적'이란 말이 부분들과의 중용, 절제, 조화, 균형과 같은 어떤 특징을 가지는 문화, 예술, 시 등을 의미한다면, 기원전 4~5세기의 헬라스 예술과 시는 이런 의미에서 고전적이라 할 수 있다. 고전기의 예술과 시에서 드러나는 절제와 조화, 균형을 목표로 하는 문명의 기준은 뒤에 이어지는 모든 시대의 모델이 되었다. 이후 유럽 문명의 발전 가운데 '고전주의'라고 이름 붙이는 기준이 되는 시기가 바로 헬라스의 고전기였다.

지금까지 논의된 헬라스의 역사를 개략적으로 정리해 보기로 하자. 헬라스 문화와 역사를 이해하는 데 있어 역사적 의미를 가진 중요한 연대를 차례로 기록하면 다음과 같다. 여기서 모든 연대는 기원전을 나타낸다. 학자마다 다소 차이가 있지만, 다음의 표는 라인홀드(M. Reinhold)에 따른 것이다.[1]

2000~1500년	최초의 인도·유럽 인종들의 헬라스 이주
2000~1400년	크레타의 미노아 문명
1600~1200년	헬라스의 뮈케네 시대-영웅 시대
1250년	트로이아 전쟁-트로이아 공략과 파괴
1100년	도리아인의 침입
1100~750년	헬라스의 암흑시대
800~700년	호메로스의 서사시 시대
800~750년	헬라스의 도시국가(폴리스) 형성 시기
776년	제1회 올림픽 게임
750~550년	지중해 일대의 헬라스인들에 의한 식민화 시기
650~500년	참주정치 체제의 성립
600년	철학과 학문의 태동기
560~528년	아테네의 참주 페이시스트라토스의 시대
508년	아테네의 민주화 시기
600~550년	뤼디아에 의한 헬라스 도시들의 합병
545~535년	페르시아에 의한 헬라스 도시들의 합병
499~494년	페르시아에 대한 이오니아인들의 반란
460~430년	페르시아의 침입
431~404년	펠로폰네소스 전쟁
404~330년	도시 국가의 몰락
338년	마케도니아의 왕 필립포스의 헬라스 정복
336~323년	알렉산드로스 대왕의 페르시아 제국 정복
330~30년	헬레니즘 시기
220~30년	헬레니즘 세계가 로마에 흡수됨

뮈토스적 사고에서 로고스적 사고에로

정치적 구호인가?

아닌 게 아니라 서양 고대 철학 및 과학 사상을 서술하는 역사책 치고, 눈에 익은 광고 문구처럼 굳어진 '뮈토스적 사고에서 로고스적 사고에로(Vom Mythos zum Logos)'라는 표어의 공식화된 설명으로부터 철학과 과학의 시원(始原)에 대한 서술을 시작하지 않는 것이 없다. 이 낯익은 구호를 대중화시킨 사람이 바로 독일의 고전 철학자인 빌헬름 네슬레이다.[2]

그는 자신의 저서 『뮈토스적 사고에서 로고스적 사고에로 *Vom Mythos zum Logos*』에서 헬라스에서의 합리화(이성화) 과정을 그려내려고 하였다. 그러나 이 책의 제목과 당시 이 책이 독일에서 출판되었을 때인 1940년대의 정치 상황은 참으로 아이러니하다. 슈튜트가르트 칼스김나지움의 교장이었고, 튜빙겐 대학의 명예 교수였던 그는 히틀러가 주도하던 '국가 사회주의자 운동'의 추종자였다. 실제로 그는 고전학 분야에서 국가 사회주의 이데올로기를 진작시키려는 움직임에 적극적이었다.[3] 이에 관련된 중요한 회합은 1941년에 열렸는데, 그 주제는 '그레코-로망 세계 영역에서의 새로운 의무'였다. 네슬레는 이름만 들어도 누구나 알 만한 한스 헤르테르(Hans Herter), 알빈 레스키(Albin Lesky), 볼프강 샤테발트(Wolfgang Schadewaldt)를 비롯한 다른 유명한 고전 헬라스 학자들과 함께 이 회합에 참여했다.

그는 책의 서문에서 "정신의 미성숙으로부터 그 성숙으로의 성장은 아리안 민족에게 남겨져 있었던 것처럼 보인다. 왜냐하면 이들만이 가장 재능 있는 인종에 속하는 민족이기 때문"이라고 말한다. 그는 이 책의 제목에서 표현된 그 이행 과정이 아리안족만의 특권이라는 점에 주목했다(6쪽). 그는 또 이렇게 말하고 있다.

뮈토스와 로고스라는 두 말을 우리는 인간의 정신적 삶의 영역을 움직이는 두 축으로 삼는다. 신화적 표상과 논리적 사고는 반대되는 것이다. 전자는 상상적이고, 비자발적이며, 무의식의 토대 위에서 만들어지고 또 형성된다. 반면에 후자는 개념적이고 의도적인데, 의식에 의하여 분석되고 종합된다(1쪽).

모스트도 지적하고 있지만 물론 네슬레 자신이 나치(Nazi)는 아니다.[4] 그러나 기이하게도 그는 그러한 생각을 가지고 있었다. 그는 호메로스로부터 소크라테스에 이르기까지의 이성적 발전을 더듬어 찾아내고 있다. 모스트는 역설적으로 그의 논문 제목을 '로고스에서 뮈토스에로'라고 붙였다. 그는 "어느 시대를 기준으로 해서 인간의 사고방식을 '뮈토스'라고 말해야만 하는가"라는 원칙적인 문제를 제기한다. "철학사를 통해서 볼 때, 늘 로고스적인 측면과 뮈토스적인 측면이 대립되어 오지 않았는가. 그렇다면 이제는 '뮈토스에서 로고스'를 바라볼 게 아니라, '로고스를 통해서 뮈토스'를 찾아보아야 할 것이 아닌가"라는 의문을 던지고 있다.

헬라스 종족이 합리적 사고에 대한 능력 때문에 다른 민족과 구별된다는 생각은 19세기와 20세기 초반에 걸쳐 일반적으로 받아들여졌던 모양이다. 이것은 인종적 편견에 깊이 뿌리 박혀 있던 고정된 시각이다. 가령 헬라스 수학사가로 뛰어난 업적을 남긴 토마스 히스는 "헬라스인들은 수학에 대해 어떤 특별한 재능을 가졌을까?"라고 물으면서, 주저 없이, "수학에 대한 그들의 천재성이 단적으로 철학에 대한 그들의 천재성의 한 측면이었다……고대의 다른 민족을 넘어서는 헬라스인들은 그 자체를 위한 지식에 대한 사랑을 소유했다……보다 더 본질적 사실은 헬라스인들이 사상가들의 종족이었다는 점"이라고 말하고 있다.[5]

이성론자로 대표되는 독일의 철학자 칸트도 『물리적 지리학』(ed. by F. T. Rink)을 비롯한 여러 강의록에서 서양인의 뿌리 깊은 인종적 편견을 보여주고 있다. "흑백 두 인종 간의 정신적 능력(Gemüthsfähigkeiten)의 차이는 피부색의 차이보다도 더 큰 것처럼 보인다"거나, "아메리카의 원주민들은 대단히 일찍 분별 있게 되었지만, 그들의 오성은 그 후에 같은 비율로 지속적으로 성장하지 못했다……그들은 정신의 권태(Die Erschlaffung ihrer Geister)에서 벗어나기 위해 술, 담배, 아편 그리고 다른 강한 것들에서 자극적인 것을 찾았다……인간성은 백인 종족에서 가장 큰 완성 상태에 있다. 황색의 인도인들은 보다 떨어지는 재능을 가졌으며, 흑인(니그로)들은 더 낮고, 가장 낮은 종족은 아메리칸 인종 중의 일부이다……그들(백인)은 언제나 완전을 향해 나아갈 수 있는 유일한 종족"이라고 말하고 있다.[6]

시대착오적인 인종 차별적 색깔이 남아 있어서 우리가 이 말을 거부하려는 것이 아니다. 우리는 이제 그런 시시한 이데올로기적 학문 태도에는 관심이 없다. 우리는 다만 그 말이 가지고 있는 학문적 의미의 정당성을 따져보고 싶을 뿐이다.

철학의 시원은 탈레스인가?

여하튼 아리스토텔레스라는 위대한 철학자의 권위에 철학사의 음영이 짓눌려 있긴 해도 서양 철학사의 기술이 그의 그늘에서 한 걸음도 나아가지 않았다는 것은 인간 정신의 발전이라는 측면에서는 잘 이해되지 않는다. 인간의 "지혜(sophia)가 어떤 원리이거나 원인에 관한 지식"[7]이라는 것에 동의한다고 해도 그 지혜라는 것이 어떤 한 시점에 특정한 사람에 의하여 성립되었다는 것을 받아들이기는 힘들다. 비록 아리스토텔레스가 원리와 까닭에 대한 탐구의 출발을 어느 정도 신화적 전통 가운데에서 찾아볼 수 있다는 점을 수긍하고 있긴 하지만, 여전히 그는 그 출발을 이오니아의 밀레토스 출신인 탈레스에게 돌리고 있다. 물론 아리스토텔레스는 철학의 시원이 탈레스에게 돌려질 수밖에 없는 적절한 근거를 제시하고 있다. 아리스토텔레스가 제시하는 그 근거들은 철학사의 출발 시점을 마련해 주고 있으며, 아무도 그 점을 의심하지는 않는다.[8] 그래서 일반적으로 정설처럼 받아들여지는 과학-철학사가들의 대답은 다음과 유사한 한결같은 표현으로 되어 있다.

철학사가들은 이오니아에서 철학이 시작되었다는 주장을 대체적으로 받아들이고 있다. 이러한 규정은 초기 사상가들의 사유가 신화나 종교적인 방식이 아니라, 철학적이라고 부를 만하다는 평가에서 비롯된다. 철학적 기준에 부응하는 사고를 그들이 처음으로 시작했다는 뜻이다. 그 기준은 사고방식의 합리성에 있다. 철학적 사고, 사상에 대한 음미와 비판의 전제는 언제나 합리성에 그 토대를 두고 있다. 철학을 비롯한 학문(epistēmē)의 역사는 결국 합리성의 역사이며, 합리성(혹은 이성)의 의미 규정과 그 탐구 대상에 의해서 철

학의 차별화가 일어난다고 말할 수 있다.[9]

로이드는 『그리스 과학 사상사』에서 중동 지방의 의학, 수학, 천문학 분야에서의 업적에도 불구하고, 헬라스의 탈레스가 최초의 철학자, 과학자였다는 주장은 일리가 있어 보인다고 지적하고 있다. 그는 밀레토스 철학자들의 사고를 이전 사상가들의 그것과 구별해 주는 두 가지 중요한 특징을 지적하고 있는데, 하나는 '자연의 발견'이고 다른 하나는 '이성적인 비판과 논쟁의 실천'이었다고 말하고 있다.[10]

호메로스와 헤시오도스

근자에 들어서 탈레스 이전의 종교적, 신화적 삶의 표현 속에서 헬라스 철학의 맹아를 찾는 일은 당연하고도 자연스러운 일로 받아들여지고 있다. 이 점에 대하여 김상봉은 "20세기에 들어와서 많은 고전 연구자들은 탈레스 이전의 문학적, 종교적 사고로부터 철학적 사고의 시원을 발견하려는 시도를 해왔다. 이런 시도를 통해 고전 학자들은 헬라스 철학의 본질적 성격을 결정함에 있어서, 탈레스 이전의 많은 시인이나 문필가 가운데서도 특히 호메로스의 서사시가 결정적인 역할을 했다는 것을 설득력 있게 보여줄 수 있었다. 그리하여 오늘날 헬라스 철학의 역사를 말할 때, 호메로스를 그 시원으로 논하는 것은 더 이상 새로운 일도, 또 낯선 일도 아니"라고 지적한 바 있다.[11]

헤시오도스를 철학의 출발로 보는 기곤은 '시로부터 철학이 생겨났다'는 것은 놀라운 일이 아님을 지적하면서, 우리가 철학자라고 부를 수 있는 최초의 사람들은 시인들이라고 지적하고 있다. 기곤은 여기에 덧붙여 "헤시오도스가 호메로스에 비해 아주 새로운 것을 추구했는데, 그것은 신의 계보를 추적하고 있다는 점이다. 이를 통하여 헤시오도스가 헬라스 철학의 시원에 대해 탈레스의 기술과는 비교할 수 없을 만큼의 풍부하고 깊은 의미를 주고 있음"을 지적했다.[12]

기곤이 이해하는 헤시오도스의 철학함의 계기는 (1)참과 가상적인 것 간의 구분, (2)신들의 계보를 추적함으로써 세계의 '기원'의 근원을 탐구하려는 물음 그리고 (3)이 세계를 구성하는 인간을 포함한 모든 대상을 포괄하는 '전체'에 대한 생각으로 요약된다. 이로써 형식적이고 존재론적인 원리가 이루어지는 것으로 기곤은 이해한다.[13] 스넬도 같은 맥락에서 헤시오도스가 이 세계의 기원을 아르케로 포착하려 했던 최초의 철학자임을 지적한다.[14]

호메로스란 인물에 대한 해석 그리고 그 작품 자체의 구성에 대한 여러 논란이 있지만, 호메로스의 시구가 문자로 기록된 것은 대략 기원전 8세기경으로 추정된다. 이 점은 대체로 정설로 받아들여지고 있다. 그렇다면 탈레스에서 호메로스에게로 철학의 시원을 찾아 거슬러 올라가는 일은 호메로스 시구의 문자 기록을 따져 볼 때, 시기적으로는 불과 2~3세기 안팎에 지나지 않는다. 그러나 그 의미는 우리가 상상하는 것보다 더 큰 철학적 의미를 가진다. 왜냐하면 호메로스의 문학 속에는 헬라스인들의 신화와 문자화되기 이전에 그들이 지녔던 세계관이 고스란히 배어 있기 때문이다. 따라서 철학의 시점을 호메로스에서 찾는 것은 매우 중대한 사상사적 의미를 가진다. 앞으로 여러 관점에서 이것에 관하여 논의할 터이지만, 이 문제에 연관해서 논의되어야 할 문제는 사실 헤아릴 수 없을 정도로 복잡하다.

신화에서 철학으로의 이행

어쨌든 탈레스 이전의 '신화에서 철학으로의 이행'이 어떤 과정을 거쳐 이루어지게 되었는지를 쉽게 납득할 수 있도록 요령 있게 서술하고 있는 전문 연구서들은 그리 많지 않은 게 현실이다. 물론 철학의 발생 이전과 이후의 사상 및 정신의 발전을 기술한 훌륭한 철학 역사서들을 우리 주위에서 찾아보기란 그리 어렵지 않다. 그러나 철학의 기원 그 자체에 대해서는 서로 일치된 견해를 보여주고 있지 못하다. 여기에는 많은 문제점이 게재되어 있는 것처럼 보인다. 철학적 사고의 기원을 설명하는 상호 대립되는 관점과 방법은 차치(且置)하고라도, '뮈토스적 사고에서 로고스적 사고에로'라는 상투적 수식 어구 자체가 어떤 문제점을 지니고 있기 때문이다. '뮈토스적 사고'라는 말이 정확히 무엇을 의미하는지, 과연 신화적 사고라는 것이 존재하는지 하는 문제가 그것이다. 아니, '신화'에 내포된 사고방식이란 것이 과연 우리에게 이해 가능한 것인가 하는 원론적인 문제도 대두될 수 있을 것이다. 이러한 문제들에 관한 대립되는 견해가 존재한다는 사실을 놓고 볼 때, '철학적 사고의 연원'에 관한 문제 자체가 어떤 모호성을 지니고 있다고 간주해도 무방할 것이다. 나아가 그 문제 자체가 어떤 하나의 입장과 관점으로 해결될 성격이 아니라는 것을 보여주는 것이기도 하다. 신화적 사고의 본질이 무엇인가 하는 문제는 신화 자체와 관련된 여러 개별 학문적인 논의를 전제해야만 한다. 이에 관련되는 학문의 분야에는 종교학, 신화학, 역사학, 문화인류학을 비롯하여 여러 분야를 포함시킬 수 있다.[15] 그밖에도 신화 자체의 성격 규정상 인문 과학은 물론이고 자연 과학 전반에 걸쳐 있는 문제점을 노출시켜 매우 광범위한 토대 위에서 논의되어야 할 성격을 가진다.

이 글에서 우리의 관심은 신화 그 자체가 아니다. 우리는 헬라스적 사고방식이라고 규정되는 합리적 정신이 어떤 과정을 거쳐 발전되었는지를 묻고자 한다. 다시 말해 우리의 관심사는 철학의 기본 정신이라고 일컬어지는 이성적 사고가 형성되어 온 그 역사적 발전 과정이다. 나는 이에 관련된 주요 연구서들 가운데에서 이 분야에 관심을 기울인 몇몇 사상가들이 표명하고 있는 주된 관점과 그 연구 성과들을 대조해 검토하면서 비판적 입장을 제시하는 방식으로 이 글을 이끌어 갈 생각이다.

헬라스인들의 사상적 풍토

지리적 환경과 기질의 형성

　헬라스적 사유가 연원하게 된 지리적, 역사적, 사회적, 경제적 배경을 검토하는 일이 헬라스인들의 사유 형성 과정을 이해하기 위한 전제가 될 수 있다. 고대 헬라스 철학사가로 널리 알려진 거쓰리는 철학자들의 사색이 '기질, 체험, 앞의 철학들'에서 영향을 받은 산물이라는 점을 지적한 바 있다.16) 헬라스 철학자들의 생각도 그들이 처했던 환경적 요소로부터 기인한 기질과, 그들의 체험을 통해 생성된 오랜 기간에 걸친 삶의 흔적들이라고 볼 수 있다.

　헬라스적 사유에서 두드러지게 나타나는 세계 질서와 명료성 그리고 지적인 것에 대한 열정은 어디에서 비롯되었을까? 한 사물을 다른 사물과 대비해서 그 윤곽을 두드러지게 보여 주는 조각 작품이라든가 건축물들 그리고 회화에서 나타나는, 어두운 구석이 배제되고 있는 그들의 시각과 밝은 색조들, 이 모든 것들은 헬라스라는 특유의 환경 조건이 만들어낸 부산물일 것이다. 여름날 구름 한 점 없는 대기 가운데 강렬하게 내리쬐는 햇볕, 지중해의 햇빛은 겨울에조차 그 어떤 나라보다도 맑고, 투명하고, 강렬하다. 그 빛 속에서 헬라스인들은 직관적으로 이 세상의 '존재자들'을 보았던 것이다. 그것들은 바다, 태양, 하늘, 땅이라는 자연(physis) 가운데 둘러싸여 있었다. 그것들이 바로 물, 불, 공기, 흙이다. 그래서 헬라스인들은 그것들을 만물을 구성하는 아르케로서의 요소로 상정했던 것이다.

한 민족을 둘러싸고 있는 환경적 조건이 그들의 기질 형성과 사상적 조건을 규정한다는 것은 일반적으로 받아들일 수 있는 주장이다. 가령 관념론적 사고의 요소가 많은 독일의 환경을 보라. 저 밝은 대지와 바다가 이어지는 지중해 지역의 '보는' 문화와 달리, 그다지 맑은 날이 많지 않은 독일인을 지배하는 것은 '듣는' 문화이다. 그래서 그들은 위대한 음악가들을 만들어냈는지도 모르겠다. 독일에 비해 밝은 기조가 강한 프랑스는 '보는' 문화를 만들어냈다. 지중해와 접해 있는 남부 프랑스 지방의 넓은 들판에 널려 있는 노란 해바라기들은, 바라보는 우리의 시각을 마비시킬 정도로 강렬한 빛을 발산한다. 그 노란빛을 보았을 때 우리에게 남겨지는 인상은 기억에 오래 남아 있을 수밖에 없다. 그래서 인상파 화가들은 부드러우면서도 강렬한 계열의 색과 빛을 조화시켜 그림을 그렸는지도 모르겠다. 반면에 지중해라는 천혜의 환경 조건을 구비한 이탈리아는 '소리치는' 문화를 만들어냈다. 삼면이 바다로 둘러싸인 환경 속에 사는 이탈리아인들은 바닷가에 나갈 때마다 느끼는 마음의 풍요로움을 시와 노래를 통해 발산했던 것이다.

따라서 헬라스인들의 사고방식을 이해하기 위해서는 왜 그들이 헬라스 본토와 펠로폰네소스 반도에 고립되어 머물지 않고 지중해 전 지역을 장악하려는 노력을 끊임없이 경주했는지를 물어야만 한다. 이와 더불어 외부로 향하는 헬라스인들의 노력 가운데에서 그들의 문화와 문명이 싹텄다는 사실을 염두에 두어야 한다. 그들이 처한 환경적 조건은 그들의 경제적, 종교적 사고를 규정해 주었으며, 나아가 그 밖의 다른 많은 역사적 사실들과도 밀접한 관련을 맺고 있다.

경험적인 것에서 이론적인 것으로

헬라스인들이 이론적 탐구에 기울인 노력은 다른 어느 문화권에서 나타나는 정신의 발전 과정보다도 더 뚜렷하게 부각될 수 있다. 아마도 헬라스 사람들은 실천적이고 경험적인 것으로부터 순수하고 이론적인 것에 관심을 돌렸던 최초의 사람들일 게다.

이미 호메로스에게서 실천적 행동과 이론적 관조는 서로 의미 깊게 대립하고 있었다. 즉, 시인이 노래하는 영웅들은 활동적인 사람들이지만, 시인 자신은 고유한 시작(詩作) 활동을 "어떠한 경우라도 친히 그곳에 살면서 모든 것을 바라보며, 그렇기 때문에 모든 것을 안다(『일리아스』 제2권 484행 아래)" 라고 말해지는 무사(mousai, 시가) 여신들에게로 환원시키고 있다. 여기서 말해지는 앎은 자기 관조가 아니라, 눈을 대담하게 외계로 돌려보는 '행위'에 기초하고 있다. 또한 이 앎은 개인적 우려에서 나오는 통찰이 아니라, 오히려 대상 세계를 직접적으로 바라보는 인식적 태도이다. 결국 이 지식은 객관적으로 '눈으로 볼 수 있는' 것이고, 그것은 현실적으로 '존재한다는 의미'에서 정확히 서술될 수 있다. 외부 세계에 대한 이 명철한 '봄(테오리아)'이 초기 헬라스인들의 두드러진 특징이다.

이 '테오리아'에 대한 기쁨으로부터 초기 헬라스의 과학이 생겨났으며, 항해용의 실용적 안내서로부터 최초의 지리학과 민족학에 관한 저작이 생겨났다. 또, 이들 저작과 신화 계보학으로부터 역사 기술이 발전했으며, 실용 의학으로부터 원소론과 다른 많은 이론이 발생하였다. 이와 같은 '실천으로부터 이론으로의 발전'이 헬라스 과학의 형성 단계에서 나타나는 두드러진 특징이다.[17]

헬라스적 사유의 특징

헬라스적 사유의 기원을 따져 묻는 방법과 관점들을 논의하기에 앞서 헬라스적 사고의 본질이 무엇인가 하는 점을 밝혀 두는 것이 논의의 순서일 것이다. 물론 헬라스적 사고의 본질이 무엇인가 하는 문제는 그렇게 간단하게 대답될 수 있는 성질의 것이 아니다. 헬라스적 사유의 본질은 무엇인가? 도대체 그러한 것은 존재하는가? 존재한다면, 과연 그것은 무엇인가? 이러한 물음에 대한 검토가 그 사고의 기원을 더듬는 작업에 선행해야만 할 것이다. 그러한 사고의 본질과 내용이 존재하지 않는다면, 우리가 수행하고자 하는 작업은 사상누각(砂上樓閣)이 될 수밖에 없을 터이다. 지나친 단순화의 오류를 범할 가능성이 있지만, 이제부터 헬라스적 사유의 본질에 관한 다음과 같은 몇 가지의 특징을 규정해 보기로 하겠다.

대립되는 사유 방식의 추구

헬라스어의 특이한 표현 방식인 'men~ de~(한편으로는 이러이러하고, 다른 한편으로는 이러이러하다)'라는 상투적 어구는 헬라스인의 사유 구조 안에 도그마가 존재하지 않는다는 점을 보여준다. 이러한 열린 언어적 표현법은 어떤 사실이나 사안을 바라보는 그들의 시각이 환하게 열려 있다는 것을 보여준다. 다시 말해, 그들은 기본적으로 세계를 이해하는 세계관 내지는 사고 구조가 다양할 수 있다는 점을 인정한다. 이는 관점의 다양성을 예시해 주는 정신의 '개방적' 태도로 보인다. 또한 이러한 언어적 사용은 대립되는 사유 방식(antithetische Denkweise)의 가능성을 개시(開示)해 주는 것이다.

예를 들어 헤로도토스가 『역사』의 여러 대목에서 보고하고 있는 것처럼, 당시 여러 지방의 다양한 문물과 정치 제도, 종교관의 차이를 인정하는 그의 태도는 헬라스인들이 세계를 바라보는 시각을 극명하게 입증해 준다. 헬라스인들의 개방적 사고 태도는 정치적 대립과 갈등을 해소하는 정치 문화와 정치적 사고의 형성에도 기여한 바가 크다.[18] 대립되는 사고방식을 통해 진리를 추구하는 전형적인 태도를 우리는 소크라테스의 문답법 또는 산파술이라 불리는 철학적 방법에서 가장 명확하게 찾아볼 수 있다. 소크라테스는 인간의 관심사가 되고 있는 문제에 대하여 'X란 무엇인가?'라는 물음을 던지고, 그 물음에 대한 답을 추구하는 과정에서 다양한 관점에 따라서 끊임없이 묻고 답하는 학문 방법을 택하고 있다.

기하학적 사유 방식

기하학적 사고를 통한 추상적 사고방식으로의 전개는 헬라스적 사유의 특징을 보여준다. 더 이상 언급할 것도 없이, 그들의 정신세계를 자극함으로써 추상적 사고를 가능하게 한 것은 이집트의 '땅-측량술(geo-metrikē)'이었다. 헬라스인들의 위대한 성취는 이집트인들의 경험적인 기술을 논증적인 아프리오리한(선험적인) 학문으로 대체하였다는 점이다. 헬라스인들은 기하학적 사고를 어느 한 특정 분야에 한정시키지 않고, 인간을 둘러싸고 있는 전 우주를 이해하는 태도에 그대로 적용해서 응용하고 있다. 신과 우주를 이해하는 그들의 사고도 기본적으로는 기하학적 공간을 상정하는 태도임을 보여준다. 헬라스의 자연 철학자들은 지구의 모습을 구형(球形)으로 그리고 있다. 이 기하학적 구형의 모습은 우주를 지배하는 조화와 질서를 대표한다. 기하학적 도형 가운데 가장 완전한 형태로 보았던 구형은 신의 완전성을 의미하기도 한다. 이 점은 크세노파네스의 신관에서 명백하게 드러난다.

또한 기학학적 사고로의 관심은 폴리스의 시민들 간에 평등사상을 불러일으키는 계기를 부여해 주었다. 헬라스인들은 우주의 중심에 위치하는 지구 주위를 돌고 있는 여러 별들 간의 조화와 균형은 중심으로부터 동일한 거리를 유지하는 원주 상에 별들이 자리하고 있기 때문이라고 보았다. 우주의 조화와 균형의 원리인 기하학적 사고는 정치적인 영역에도 그대로 적용되었다. 도시에서 함께 사는 시민들 간의 평등한 관계는 도시의 중심에 위치하는 아크로폴리스와 아고라를 중심으로 동일한 거리만큼 모든 사람이 떨어져 있다는 자각으로부터 생겨났다.[19]

기하학에서 논리학으로

이러한 기하학적 사고는 후에 우리가 논리학이라고 부르는 '추상적 학문'을 발전시키는 계기를 가져왔다. 이러한 사고 형식은 경험적 기술이 가능할 수 있는 논리적 근거 내지 그 정초성을 묻는 그들의 태도와 밀접한 관련이 있다. 만일 우리가 논리적이라고 부르는 그러한 종류에 대한 반성이 이러한 맥락에서 시작되었다고 한다면, 우리에게는 논리학적 사고와 기하학적 사고 간에 존재하는 밀접한 관련성에 관한 설명을 덧붙일 과제가 요청된다. 닐은 이 점에 대하여 "기하학에서 논의에 대한 가장 공통적 패턴인 일반적 규칙 밑에 특수한 다양성들이 포섭되고 발견되길 바라듯이, 논리학 가운데에서도 이러한 사상들이 발견되고 있다"고 지적한다. 가장 일반적으로 받아들여지고 있는 주장은, 헬라스의 논리학 가운데 가장 강한 경향인 연역 체계가 대개 기하학을 연역 체계로써 나타내는 문제들에 관한 반성에 의하여 결정되었다는 것이다.[20]

기학학적 사고의 확장

한편 헬라스인들은 세계를 파악하는 보편적 사고 체계로 받아들인 이러한 기하학적 사고를 건축술과 예술의 영역에도 응용하여 아름다운 건축물과 조각들을 남겼다. 그 아름다움의 기본적 원리는 기하학적 비례 관계에 기초하는 '조화(harmonia)'와 '균형(summetria)'이었다.

헬라스인들은 아름다움의 원리를 탐구하는 '미학'을 독립된 학문으로 생각하지 않았다. 그들에게 있어서 조화는 우주(코스모스)의 속성이었다. 그들은 조화를 우주론의 얼거리 안에서 관조하였다. 필롤라오스는 "조화는 여러 혼합된 것들의 통일이며 일치하지 않는 것들의 일치"라고 말한다. 어원적으로 조화는 구성 요소들 간의 '일치'와 '통일'을 의미한다. 퓌타고라스주의자들에게서 조화가 긍정적이고 아름다운 것은 이 통일성 때문이다. 필롤라오스는 "닮지 않은, 관계가 없는 그리고 동등하지 않게 배열된 것들은 필연적으로 이러한 조화에 의하여 한데 결부된다"라고 말했다. 또한 그는 소리들의 조화를 보다 더 깊은 조화의 나타남으로 간주했다. 다시 말해서 그는 소리들의 조화를 사물 구조 안에 존재하는 내적 질서의 표현으로 본 것이다.

헬라스인들은 조화와 비율(균형)을 가치 있고 아름다운 것이며, 사물의 객관적 속성에 의해 객관적으로 결정된 것으로 간주했다. 아름다움은 비율, 척도, 수의 문제였다. 그들에게서 질서와 균형은 아름답고 유용한 것이었지만, 무질서와 균형의 결여(asummetria)는 추하고 유용하지 않은 것이었다.[21] 이러한 생각이 나중에 헬라스 미학의 특징으로 나타난다.

언어와 사고의 관계

이러한 추상적 사고를 가능하게 했던 헬라스인들의 작업은 그들의 언어에도 터를 잡고 있다. 언어는 인간의 사고와 밀접한 관련을 맺는다. 고전을 이해한다는 것은 그들의 언어를 이해하는 것과 같은 차원에서 이루어져야 한다. 언어와 고전의 관계는 인간의 언어와 사고의 관계를 묻는 질문이기도 하다. 그래서 앙리 델라크로와는 "언어 속에 이미 사유가 존재하고 있으며, 언어는 사유일 뿐만 아니라, 또한 사유는 언어의 차원을 넘어서는 것이어서 결코 언어적 표현으로 사유를 완전하게 드러낼 수는 없다"[22]고 지적한다. 여기에 어떤 역설이 존재한다. 고전을 이해하기 위해서는 언어에 대한 이해가 필요하지만, 거기에서 멈추어서는 안 된다. 고전을 이해하기 위해서 우리에게는 언어의 이해뿐만 아니라, 그들의 언어를 가능하게 했던 '삶'의 조건들을 따져 보아야만 한다. 그리스 고전을 이해하기 위한 필수 조건은 그들의 언어 구조를 살펴보는 일이다. "언어 속에는 인간 정신 구조의 토대가 마련되어 있다. 이 구조는 언어가 성장하여 마침내 철학적 사유의 단계에 이르렀을 때 비로소 완전하게 발전했다"는 브루노 스넬의 지적은 그래서 적절하다.

정신적 특징을 지니는 개념적 언어들(psyche, noos, thymos, phren)뿐만 아니라, 과학적 개념 형성을 위한 언어상의 모든 전제는 헬라스어 자체가 지니는 어떤 특징에서 찾아볼 수 있다. 구체적인 하나의 예를 들어보자. 만일 헬라스어에 정관사가 없었다고 한다면, 어떻게 해서 헬라스에 자연 과학과 철학이 발생할 수 있었는지 도저히 확인할 도리가 없다. 만약 '물이라는 것(물, to hudôr)' '차가운 것(차가움, to psuchron)' '생각하는 것(사고, to noein)'과 같은 어법이 없었다면 과학적 사고라는 것이 어떻게 가능할 수 있었겠는가? 중성의 단수 주격 정관사 'to'는 헬라스인들에게 이 같은 '추상 개념'의 형성을 가능하게 하였다. 그래서 그들은 보편을 특수로 상정하거나, 형용사적 혹은 동사적인 것을 개념적으로 확정할 수 있었던 것이다.

소크라테스 이전의 자연 철학자들에게서, 특히 파르메니데스의 철학에서 가장 중요한 어휘인 일자(一者, to hen)를 비롯한 많은 추상적인 말들을 포함하여, 그 이후에 플라톤의 철학에서 가장 중요한 용어인 '이데아'란 말의 철학적 의미도 헬라스인들 특유의 정관사적 어법에 따라 설명될 수 있다. 그들은 흰 것들에 술어적으로 달라붙을 수 있는 '희다(leukon)'라는 말에서 '흼(to leukon)'이라는 추상적인 존재를 도출해내고, 이를 더 밀고 나아가 '흼 자체'라는 개별자로부터 분리된 형이상학적 존재를 생각해낼 수 있었던 것이다. 그러니까 헬라스어에서의 추상 명사의 발전은 '관사의 생략에 의해서 인격화된 것'이라고 말할 수 있다. 브루노 스넬은 헬라스에서의 자연 과학 개념 형성 과정을 논하는 대목에서 헬라스어에서 사용되는 정관사의 세 가지 독특한 역할과 기능을 이렇게 정리하고 있다.

첫째로 정관사는 비물질적인 것의 의미와 범위를 확정하고, 둘째로 비물질적인 것을 보편물로서 규정한다. 그리고 셋째로 이 보편물을 더욱 개별화해서 내가 그것에 대해 설명할 수 있도록 하나의 특정물로 재정의한다. 일반 정관사가 이처럼 실체사에 추상 명사, 사물 명사, 고유 명사의 성격을 동시에 준다는 것은, 이 정관사가 사물 명사를 보편 개념으로 높이는 경우에 한층 더 확실하게 되는 것이다.[23]

그밖에도 실체사, 형용사, 동사의 발달이 서양의 자연 과학적 개념 형성에 끼친 영향은 아무리 강조해도 지나치지 않는다. 자연 과학적 개념 형성은 헬라스의 일상 언어가 도달했던 발전 단계에 따라서 제약되었다. 다시 말해 언어 형식들의 토대에 특정한 의미가 놓여 있을 때, 비로소 자연 과학적 개념은 발전할 수 있었던 것이다. 이런 관점에서 볼 때 철학, 자연 과학을 비롯한 어떤 개념도 결코 일상 언어로부터 동떨어져 있는 것이 아니다.

헬라스인의 신관과 우주적 사고

헬라스인 특유의 종교관은 그들의 사고 구조를 지배하고
있다. 헤브라이즘과는 달리 그들은 신들의 세계와 인간의 세
계가 더 이상 건널 수 없는 심연의 장벽에 의해서 가로막혀
있다고 보지 않았다. 그래서 그들은 인간의 세계를 그릴 때,
신들의 세계와 마찬가지로 질서 있게 자리잡혀 있는 세계를
가장 이상적인 형태로 보았다. 세계의 질서를 보다 명료하게
파악하고자 하는, 이미 호메로스와 더불어 시작된 이 노력은
기원전 600년경에 이르면 다양한 영역에서 세계의 혼란과 무
규정성을 해명하기 위한 통일적 원리를 추구하는 방향으로 발
전되었다.

그래서 헬라스의 자연 철학자를 위시한 지혜를 지닌 사람
들은 이 세계를 지배하는 통일적 원리를 일원론적으로 설명하
고자 하였다. 튜르타이오스나 솔론이 하나의 덕, 즉 용기와 공
정성을 상정하고, 또 서정시인 사포가 한때는 높게 평가되었
던 것을 그녀 자신이 존중하는 하나의 것(一者)과 대비시키고
있는 것처럼(『단편』 27a), 소아시아 지방의 탈레스도 '물'을 만
물의 유일한 근원이요, 본질이라고 설명하였다. 그 후 아낙시
만드로스와 아낙시메네스가 탈레스의 사유 방식을 계승하였
으며, 크세노파네스도 세계의 참된 실재에 관한 물음을 던짐

으로써 이 사변을 계속 전개해 나갔다. 이러한 일원론적인 경향은 크세노파네스에게 이르러 "eis theos", 즉 "신은 하나다"(크세노파네스, 『단편』 23)라는 극히 중요한 발견에 도달하게 된다. 결국 이 세계를 지배하는 원리를 하나로써 파악하고자 하는 사고방식은, 다시 말해 사포의 물음뿐 아니라 탈레스가 제기한 물음은 참된 것과 그렇지 않은 것, 실재하는 것과 실재하지 않는 것을 식별하려는 기본적 태도였던 셈이다. 이러한 신적인 질서에 대한 탐구는 '죽어야만 하는 것들(인간)'이 가질 수밖에 없는 가상적인 지식(dokos)으로부터 명확한 지식(saphēs), 즉 신적인 지식으로의 상승을 꿈꾸는 인간 정신 태도의 표현이기도 하다(『단편』 34).

호메로스의 문학에서 가장 분명하게 나타나고 있듯이, 헬라스인들은 그들의 신에 대하여 자유롭다. 모든 것을 신에게 맡기면서도 절대적인 주종 관계로 인간과 신의 관계를 유지하지는 않는다. 헤시오도스의 『신들의 탄생』 116행 이하에는 다음과 같은 내용이 노래되고 있다.

실로 맨 처음에는 카오스가 생기고, 그 다음으로 넓은 가슴을 가지고, 모든 것들의 영원히 굳건한 터전이 되는 가이아와, 넓은 길이 난 땅(가이아)의 구석에 있는 구름 낀 타르타로스와, 불멸하는 신들 중 가장 아름다우며, 사지를 늘어뜨리는 자이며, 모든 신과 모든 인간의 정신과 사려 깊은 분별심을 그들의 가슴에 누그러뜨리게 하는 에로스가 생겼다.

여기에서도 드러나듯이 모든 것에 앞서 맨 처음으로 생겨난 것이 카오스이다. 카오스는 흔히 이해하는 바와 같이 '혼돈'을 의미하지 않는다. 이 말(Chaos)의 어근인 'cha-'는 '하품, 벌어진 틈'을 의미한다. 좀더 확장되면 그 말은 '하늘과 땅 사이의 틈'을 가리키게 된다. 본래 카오스는 갈라진 틈, 공허, 빈 것을 의미했다. 헤시오도스가 말하는 카오스의 의미는 「창세기」의 '혼돈의 상태'로부터 하느님이 이 세상을 만들었다는 생각과는 근본적으로 다르다. 가장 먼저 땅, 하늘과 같은 자연물들이 만들어질 수 있는 공간이 있었다는 것이 헤시오도스의 생각이다. 만물이 생성되기 위해서는 그것들이 들어설 자리가 먼저 와야 한다는 것이다. 그러니 원칙적으로 말하자면 우주는 '전혀 없음'으로부터 생겨나지 않는다. 또한 거기에는 헤브라이즘에 등장하는 '하느님'과 같은, 우주를 만들어내는 창조자의 역할도 주어지지 않는다.

물론 헤시오도스는 이 모든 존재가 어떻게 생겨나고, 또 어떻게 분리되었는지를 설명하고 있지는 않다. 그는 다만 '질서 있는 세계의 탄생', 즉 우주 생성론(cosmogony)을 설명하는 신의 계보만을 말해주고 있을 뿐이다. 가이아, 타르타로스, 우라노스의 탄생은 세 신성의 기원이면서 동시에 우주의 세 영역, 즉 땅, 지하 세계, 하늘이라는 큰 영역의 기원이다. 헤시오도스에게서 신들의 탄생은 자신이 이해한 바대로 '물리적 세계의 구조에 대한 그림'일 뿐이다.[24] 이처럼 헬라스의 신성은 무(無)로부터 무언가를 창조할 수 없다. 헬라스적 사고방식에 따르면 무로부터의 창조(creatio ex nihilo)는 없다. 무로부터는 무(nihil ex nihilo)밖에는 따라 나오지 않는다. 헬라스 사람들에게는 기독교적 의미에서의 '천지 창조의 역사'란 있을 수 없다. 헬라스의 신성은 단지 주어진 사물을 고안하는 혹은 변형하는 행위만을 할 수 있을 뿐이다.

히브리적 사유 방식에 따르면, 신의 은총은 신이 사물의 자연적 질서를 제거하는 것으로 증명된다. 신 앞에는 불가능한 것이란 없다. 물론 헬라스의 신화에서도 영웅들이 신적인 도움에 대한 가시적인 징표를 청하는 경우가 있다. 그러나 이러한 징표란 번개이고, 날아가는 새이며, 재채기일 뿐이다. 확률상으로 볼 때 이러한 일들이 반드시 바라던 그 순간에 일어난다고 볼 수는 없으며, 단지 요행으로(agathê tuchê) 일어날 수는 있었다. 그러나 「사사기」(6 : 36-40)에서 기데온이 그의 신께 흥정하는 따위의 일은 헬라스인들에게는 아주 기이한 일이다. 신께 기도하는 사람이 자연의 질서가 전도되기를 노골적으로 요구하고, 신앙이 배리적(背理的)인 것을 일어나게 하는 그런 일들은 헬라스인들에게는 있을 수 없다. 고전-헬라스적 관념에 따르면, 신들 자신 또한 우주의 질서에 종속되고 있다. 호메로스의 세계에서도 초자연적인 일은 확고한 질서에 따라 일어난다. 뿐만 아니라 신들이 세속적인 일에 꼭 개입해야만 하는 경우에도, 따라야만 하는 올바른 법칙이 있어야 한다. 바로 이 질서를 지배하고 있는 움직일 수 없는 법칙과 원리를 이해하고 파악하고자 하는 것이 헬라스 철학의 과제였다.

신은 술어적 개념이다

언어학적 측면에서 볼 때 헬라스인들은 '신(theos)'이란 말을 술어적 개념으로 사용한다. 빌라모비츠 같은 학자는 "신 자체는 애초에 술어적 개념(ein Prädikatabegriff)이었다"고 단적으로 지적한다.[25] 기독교적 관념에 따르면, 누군가가 "신은 선하다"라고 말했을 때, 그는 신을 초월적 존재자로서의 '존재'로 당연히 받아들이며, 신에 관한 '질적인' 판단을 내린다. '신'이라는 말은 히브리인들의 언어 표현법에서는 주어의 위치에 나타난다. 그러나 헬라스인들에게는 그 순서가 역으로 바뀐다. 헬라스인들은 "사랑은 신이다" "아름다움은 신이다"라고 말한다. 이러한 표현은 신비적인 신성의 존재를 말하는 것이 아니라, 누구도 부정할 수 없는 사랑과 아름다움에 관한 '무언가'를 말하는 것이다. 그들에게서 신이란 말은 '죽어야만 하는 것(인간)'이 생각할 수 있는 범주를 벗어난 그 '무엇'을 나타낸다. 헬라스인들은 인간을 가리킬 때 'thnēthos' 혹은 'brotos'라고 말한다. 이 두 말은 '어쩔 수 없이 죽게 되는 존재'라는 뜻을 가진 말이다. 이와 반대로 헬라스인들은 신을 'athanatos', 즉 '죽지 않는 존재'라고 부른다.

그렇기 때문에 헬라스인들은 자신들에게 즐거움이나 두려움을 주는 것들에 대해 감격한다거나 혹은 경외의 마음을 갖게 되면, "이것은 신이다" "저것은 신이다"라고 말하는 것이다. 따라서 헬라스인들에게 신이란 인간 이상의 것이요, 불멸의 존재요, 불후의 것을 의미한다. 그래서 그루베는 "세계에 작용하고 있는 지배력이나 힘, 우리와 더불어 태어나지 않았으며, 우리들이 사라지고 난 뒤에도 존속하게 될 그러한 지배력이나 힘은 그 어떤 것이라도 이처럼 하나의 신으로 불릴 수 있었고, 실제로 그러한 대부분의 것들은 신이었다"[26]고 말하고 있다.

이런 관점에서 본다면 히브리인들은 유일신론으로 향했고, 헬라스인들은 다신론적 사고방식을 지향하고 있었다고 말할 수 있겠다. 그러나 헬라스적 사유에 있어서도, 헤시오도스의 『신들의 탄생』적 사고와 크세노파네스의 사고방식은 일신론을 예비하는 방향으로 명백하게 나아가고 있었다. 헬라스인들에게 복합적으로 결부되어 있는 그들의 종교관, 세계관, 자연관, 언어관 등에 관련된 이러한 사고방식은 기본적으로 객관성, 논리성, 과학성을 목표로 하는 정신의 작업이다. 이쯤에서 헬라스적 사유 가운데 종교적 사고가 어떻게 객관적 사고와 연관되느냐 하는 의문이 제기될 수 있을 것이다. 이 점에 관해서는 올림포스의 신앙을 정립한 호메로스와 헤시오도스의 사상에서 그 답을 분명하게 찾아볼 수 있다.

헬라스적 사고의 기원을 탐구하는 관점

　지금까지 우리는 주로 헬라스적 사유의 본질적인 특징에 관해 논의해 왔다. 이를 토대로 이제부터 헬라스적 사유의 기원을 찾는 여러 관점들을 서술해 보기로 하자. 서양의 고전을 연구하는 학자들은 자신의 주도적 관심에 따라 어떤 하나의 방법론적 특징을 더 강조함으로써, 헬라스 사유의 기원을 바라보는 각기 상이한 관점을 드러내고 있다.

　첫째는 가장 일반적으로 받아들여지는 입장으로, 이성적 사고에 선행하는 신화적 사유의 구조와 본질을 밝힘으로써 헬라스적 사유의 기원을 찾아보는 방법이다. 둘째는 헬라스적 사유의 기원을 탐구함에 있어 그 독창성을 인정하지 않는 태도로서, 이는 오리엔트의 강한 영향을 강조하는 입장이다. 셋째는 헬라스 정신의 발전 과정을 헬라스 문학의 발전 과정으로 파악하여, 헬라스인의 독특한 사고가 어떠한 형성 과정을 거쳐 왔는지를 집중적으로 검토하는 태도이다. 마지막으로는 헬라스적 사유의 발전을 그들의 신에 대한 이해로부터 설명하고자 하는 입장이다. 헬라스적 사유의 기원을 찾는 위의 방법들이 상호 배타적이라고 말할 수는 없다. 경우에 따라 상이한 입장들이 서로 겹쳐지는 부분도 있을 것이다. 이제 이상의 몇 가지 방법론적인 관점에 관하여 좀더 부연하면서 설명하여 보기로 하자.27)

신화에서 철학으로

종래에 가장 대표적인 방법으로 간주되어 왔던 것은 앞서 이야기한 바와 같이 신화 속에 내재하는 여러 이야기들을 통해 신화의 본질을 이해함으로써 헬라스적 사유의 기원을 찾아보는 방법이다. 이러한 해석 방법을 취하는 학자들은 콘포드 (F. M. Cornford)를 위시한 대부분의 고대 철학사가들이다. 이들은 신화적 사유를 전(前)-논리적 사고, 원시적 몽매함(夢寐, Urdummheit), 거짓된 이론, 원시적 과학, 언어적 질병으로 보거나 혹은 프로이드처럼 원시적 인간(인간성의 유년기)의 성적 본능, 즉 리비도에 기반을 둔 심리적 현상으로서의 왜곡된 표현으로 보기도 한다.28) 그러나 이에 반대하여 신화의 의미를 적극적으로 해석해서, 신화란 '인류 최초의 교사'요, 인간의

사회적 경험의 객관화요, 세계를 객관화하고 이해하려는 하나
의 사고 태도로 규정하는 학자도 있다.[29]

헬라스에서의 지적 혁명

그런데 헬라스 사유의 기원을 논하는 일군의 학자들은 헬
라스적 사유 방식이 전래하는 사회적, 종교적 태도에 의해 영
향을 받았다는 것을 인정하면서도 '로고스적 사고'의 특징을
지니고 있음을 더 부각시키려고 한다. 사실상 기원전 6세기에
이오니아 지방에서 일어난 헬라스의 지적 혁명은 역사적 인과
성의 견지에서는 설명될 수 없는 것으로 생각될 만큼 너무나
갑작스럽고, 너무나 근본적으로 대두되었다. 우리는 그것을
헬라스의 기적이라고 말할 수밖에 없을 것이다. 베르낭이 표
현하고 있듯이 "이오니아의 토양 위에서 너무도 갑작스럽게,
추측하건대 마치 비늘이 눈먼 사람의 눈에서 떨어져 나오듯
이, 로고스가 신화로부터 해방되었던 것이다."[30] 일단 모든 것
에 드러나게 된 그 이성의 빛은 인간 정신의 진보를 이끌어
가는 일을 결코 멈추지 않았다. 버넷은 "초기의 이오니아 철
학자들과 더불어 우리가 과학이라고 부르는 새로운 것이 이
세계에 생겨나게 되었고, 또 그들은 유럽이 그때 이래로 따랐
던 길을 최초로 지시했다"고 말하고 있다.[31] 버넷은 "탈레스
와 그의 계승자들과 더불어 새로운 것이 세계에 들어왔다"고
말하면서, 이 새로운 것을 성장시켜 형성된 '이오니아 과학'의
기반은 헤시오도스의 『신들의 탄생』에서 발견된다는 점을 인

정한다. 그러나 그는 "철학이 신화가 아니"라는 입장을 견지한다.[32] 그는 여러 대목에서 "이오니아 학문의 기원을 그 어떤 신화적인 개념 가운데에서 찾고자 하는 것은 완전히 잘못된 일"이라고 말하고 있다.

이성적 사고의 뿌리는 신화이다

뒤르껨의 사회학적 이론을 끌어들여 신화 해석을 전개했던 콘포드는 '헬라스인의 사유의 기적'과 같은 것이 돌연히 일어날 수 없었다고 주장하면서 버넷의 이론에 대하여 반대의 기치를 들고 있다. 그는 『종교에서 철학으로』[33]에서 아낙시만드로스의 우주론과 호메로스와 헤시오도스의 우주론이 '동질적이고 같은 기본적인 구조'를 가지고 있음을 인정하면서도, 근본적으로는 뮈토스(muthos)에서 로고스(logos)에로의 진입에는 어떤 차이가 있다고 주장하였다. 둘 사이의 명백한 차이는 아낙시만드로스가 대담성과 완결성으로 초자연적인 요소들을 제거했다는 점에서 드러난다. 다시 말해서 아낙시만드로스는 모든 초자연적인 또는 신화적인 특성이나 요소들을 없애버린 것이다.

콘포드는 올림포스 신들이 있었던 자리에 배열되었던 자연(physis)이 원시적인 세계 질서의 표상이었지만, 철학이 이것을 넘겨받으면서 그 종교적이고 마술적인 요소를 폐기시켰다고 해석하고 있다. 이 지점에서 인간은 '이성의 빛나는 대기로' 한 걸음 더 다가서게 되었다. 바로 여기서 '연속'이라기보다는

'새로운' 사고가 잉태되었다는 것이다. 이렇듯 콘포드는 철학을 '탈바꿈한 신화'로 파악하여 철학의 신화적 기원을 강조하는 입장에 서고 있다.[34] 그래서 인간들은 변화무쌍한 그 배후에 있는 질서인 피시스에 대한 탐구를, 즉 그 '로고스'를 인간의 로고스를 통하여 탐구하게 되었다는 것이다.

한편 스넬은 신화적 사고를 네슬레가 이해한 것보다도 더 실체적인 것으로 이해하고 있다. 스넬은 "호메로스적 예들에서 보이는 신화만이 아니라, 일반적으로 신화는 초기의 마술적인 세계 해석과 그 후에 오는 경험적-역사적 의미 부여의 문제성 및 불확실성의 중간에 위치한다"[35]고 해석하고 있다.

이와는 달리 거쓰리는 기원전 600년경의 철학적 사고를 "세계에 대한 신화를 만드는 관점에서 합리적 관점으로"의 이행이라고 말함으로써, 이 두 사고를 타협할 수 없는 것으로 간주한다. 거쓰리의 이 계몽주의적 시각에서 보면, 이성적 사고의 기준은 탈레스라는 철학자이다. 그에 따르면, "우리가 말할 수 있는 한, (탈레스는) 신화적 표현을 벗겨버렸고, 우주의 기원과 본성에 대하여 순수한 합리적 설명이라고 생각될 수 있는 것을 주었던 사람이다."[36] 커크-라벤-스코필드도 『소크라테스 이전의 철학자들』에서 탈레스의 지위를 확인하고 있는데, 그들은 "(탈레스가) 명백히 신화적 형식을 포기했으며, 여전히 순진하기는 하지만 최초의 철학자"라고 단언하고 있다.

거쓰리와 커크-라벤-스코필드의 해석은 이성에 의하여 신화를 모조리 대체했다고 말하는 것은 아니다. 거쓰리도 '신화적 사고가 완전히 소멸되지는 않는다'는 점을 인정하고 있다. 커크-라벤-스코필드는 헤시오도스와 밀레토스의 철학자들을 '주로 신화적인 것과 주로 합리적인 것'이라는 표현으로 대비시키고 있다. 우리는 이 양자 사이에 놓일 수 있는 '소크라테스 이전의 자연 철학자들'에게서도 세계를 이해하는 과학적이고 합리적인 사고방식을 얼마든지 찾아볼 수 있다.

신화적 사고에서 합리적 사고에로

스넬은 '신화적 사고에서 합리적 사고에로'라는 표현을 사용하는 편이 역사적 관점에서 보다 잘 이해될 수 있다는 점을 인정한다. 또, 이 표현이 두 사고방식을 서로 넘나들면서 그것들 간의 차이를 설명하는 수단을 제공한다는 점도 인정한다. 이 표현은 철학뿐만 아니라 의학에서도, 히포크라테스를 기점으로 해서 '과학적 지위에로의 의학의 탄생'과 같은 동질적 표현으로 사용되기도 한다.

한편에서 생각해 보면, 우리는 이 두 사고를 언제나 분명하게 구별할 수는 없다. 철학의 발전, 의학의 발전, 역사학과 지리학의 발전, 자연 과학의 발전 과정 등이 항시 동일한 관점에서 '신화적 사고에서 이성적 사고에로'라는 말로 포괄될 수 있는가라는 의문을 제기해 볼 수 있다. 일상적 정치와 생활이 이루어지는 아고라와 같은 곳 혹은 종교 의식이 이루어지는 제단에서 이 두 사고 과정의 발전을 말할 수 있는가? 화폐의 발명과 같은 경제적 요소와 폴리스의 정치적 행태가 변화되는 과정에서 이 두 사고가 엄격하게 구분될 수 있는가? 구전문학으로부터 전해지는 문자 수용 과정이 이 두 사고의 유형으로 구별될 수 있는가?

아마도 우리가 앞서 개략적으로 설명한 신화적 사고와 철학적 사고 같은 이원론적인 방식에 의해서는 이 모든 의문들을 풀어낼 길이 없을 것이다. 이런 관점에서 우리는 신화적 사고의 실체를 이성적 사고의 관점에서 이해하려는 노력을 기울여야만 한다. 그렇게 할 때에야 비로소 인간 정신의 발전 과정을 온전하게 이해할 수 있을 것이다.

버넷의 해석을 조목조목 비판했던 콘포드에 따르면, 가장 초기의 철학은 과학적 이론에 가깝기보다는 신화론적 구성 체계와 더 밀접하게 유지되고 있다. 즉, 이오니아의 '자연 철학'은 그 사고방식에 있어서 오늘날 우리가 '과학'이라고 부르는 것과 아무런 공통점도 가지고 있지 않으며, 경험화에 관계되는 그 어떤 것에 대해서도 전혀 인식하고 있지 못하다. 뿐만 아니라 당시 철학은 자연에 대한 이성의 소박하고 자발적인 반성의 산물이 아니었다. 철학은 종교에 의하여 성취된 세계에 대한 개념을 보다 추상적 어휘를 갖는 세속화된 형식으로 바꾸어 놓았다.

우주 발생론 역시 단순히 창조 신화의 주된 주제들을 차지하고 확대했을 뿐이다. 우주 발생론은 철학적 물음과 동일한 종류의 질문에 대한 답변을 내놓았지만 과학이 행하는 바와 같은 자연의 법칙을 탐구하지 않았다. 신화와 마찬가지로 우주 발생론은 질서가 어떻게 확립되었는지, 코스모스가 카오스로부터 생겨 나오는 것이 어떻게 가능할 수 있었는지에 대해서 설명하고자 하였다.[37]

밀레토스인들은 창조 신화로부터, 우주에 대한 이미지뿐 아니라 우주 발생을 이해하기 위한 개념적 장치들과 설명적 도식을 취하였다. 예를 들어 피시스의 '원소들(물, 불, 공기, 흙)' 배후에는 신화에 등장하는 옛 신들의 모습이 드러나고 있었다. 자연을 생성함에 있어서 그 원소들은 개별화된 신성의 치장을 벗어던지고 있으나, 여전히 활동적이고, 살아 있는 힘들이었다. 또한 그것들은 여전히 철저하게 신적인 것으로 느껴지고 있었다. 피시스가 작용하고 있을 때, 원소들은 제우스의 속성인 지혜와 정의에 의해서 물들게 되었다. 호메로스적 세계는 주요한 신들 간의 영역과 기능의 할당에 의하여 질서가 잡혀졌다. 즉, 제우스에게는 하늘(aither)의 현란한 빛이, 하데스에는 흐릿한 그림자(aēr)들이, 포세이돈에게는 물의 요소가, 이상의 세 가지가 함께 결부되어 있는 것에는 가이아, 즉 인간이 죽어야만 하는 다른 생물들과 더불어 살고 있는 대지가 배분되었다. 이렇듯 이오니아적인 코스모스는 다양하게 대립되고, 균형을 유지하며, 혼합되어 있는 요소적 힘들 사이에서 역(域)과 계절로 나뉘어졌다. 이것은 결코 모호한 유비(類比)는 아니다.

콘포드의 분석은 헤시오도스의 『신들의 탄생』과 아낙시만드로스의 철학 간의 긴밀한 대응을 보여주고 있다.[38] 전자가 신적인 생성에 대하여 말하고 있는 반면에, 후자는 '만든다'는 것뿐 아니라 '낳다' — 기원뿐 아니라 출생 — 를 의미하는 'phuein'과 'genesis' 같은 말이 지니는 모호성을 사용하는 것을 거부함으로써 물리적 과정을 기술하고 있다는 것은 옳다. 이러한 여러 의미들이 여전히 혼합되어 있는 한, 성적인 결합의 견지에서 생성을 기술하며, 아버지와 어머니를 지시하고 그리고 계보(系譜)를 작성함으로써 현상을 설명한다는 것이 가능하다. 자연 철학자와 신학자들 간의 차이가 아무리 중요하다고 할지라도, 그들의 일반적인 사고 구조는 동일한 것으로 남아 있다. 양자는 그 시원에 있어 아직 아무것도 그 모습을 드러내지 않은 원초적 상태를 전제하고 있다. 헤시오도스의 카오스는 뉙스, 에레보스, 타르타로스인데, 『신들의 탄생』에서 각각 오르페우스, 무사이오스, 에피메니데스의 행위로 귀속되고 있다. 아낙시만드로스의 경우에는 무한정자인 아페이론(apeiron, 무한정적인 것)이다. 점증적인 분리와 미분화(微分化)에 의하여 아페이론이라는 이 원초적 통일체로부터 어둠과 빛, 뜨거움과 차가움, 건조함과 습함, 농축과 희박, 높음과 낮음 따위의 한 쌍의 대립자들이 나타났다. 이 대립자들은 세계의 여러 범주와 역(域) — 하늘(따뜻함과 밝음), 공기(어두움과 차가움), 대지(건조), 대양(습기) — 을 만들어 낼 수 있었다. 분리를 통하여 생성되었던 이러한 대립자들은 또한 모든 생명체 — 식물, 동물, 인간 — 의 탄생과 죽음과 같은 현상을 만들어 내기 위하여 결합되고 혼합될 수도 있었다.[39]

신화적 사유와 논리적 사고의 대립과 조화

앞서 보았던 바와 같이 신화적 사유와 논리적 사고를 무를 베듯이 산뜻하게 분리하여 이해한다는 것은 불가능하다. 신화적 사유와 논리적 사고는 내용과 형식이라는 점에서 그 차이가 드러난다. 신화적 사유를 논리적 사고의 견지에서 이해하는 것과 논리적 사고를 신화적 사유와 융해하여 이해하는 것에는 그 두 사유의 근본적인 면을 간과할 수 있는 위험이 있다. 그 두 사고를 어쩔 수 없이 구분하여 이해할 수밖에 없긴 하지만, 그렇다고 해서 그 두 사고를 각기 다른 인간 정신의 발전으로 이해하는 것은 더 큰 오류를 범하는 것일 수 있다. 따라서 우리는 헬라스적 정신의 발전 과정을 이해하는 데 있어 이 두 사고를 나름대로의 세계에 대한 독자적인 설명 방식으로 받아들이되, 인간 사고의 본질적인 관점에서 이 두 사고 방식이 상호 침투하고 언제든지 병행될 수 있다는 측면을 강조해야만 할 것이다.

스넬에 따르면 신화적 사고와 논리적 사고의 대립은 자연의 인과적 설명에 적용하는 경우에 선명하게 드러난다. 자연에 대한 인과적 설명의 영역에서도 신화적 사고에서 논리적 사고에로의 변화가 행해지고 있음은 명백하다. 원래는 신들, 영(靈)들, 영웅들의 행위로 간주되었던 것이 후에 이르러 충분한 근거와 함께 합리적으로 추구되기 시작했다는 것이다. 그러나 이 경우에도 신화의 인과적 설명은 자연 과학적 인과성이 파악할 수 있는 자연의 사건만으로 한정되는 것이 아니다.

신화의 인과적 설명은 무엇보다도 물(物)의 기원과 생명에 관심을 기울이며, 그 원인이 정밀하게 규정될 수 없는 현상으로 향한다. 그래서 신화의 인과적 설명은 자연의 영역을 멀찍이 넘어선 곳에까지 도달한다. 왜냐하면 인간의 사상, 감정, 소망, 결의 등의 기원도 역시 신들의 개입으로 환원되고 있기 때문이다. 또한 결과적으로 볼 때 신화적 인과성은 그 후에 이르러 정신이라는 것이 발견되면서부터 심리적 동기에 양도하게 되는 영역을 지배하고 있었기 때문이다.

스넬은 신화적 사고는 원인의 설명만으로 한정되지 않고, 인간 존재의 이해에도 기여하는 것이라고 지적한다. 그는 신화적 사고와 논리적 사고가 하나의 동일한 영역을 감싸고 있지 않다는 것은 분명하다고 말한다. 다시 말해서 논리적 사고로는 도저히 접근할 수 없는 신화적 사고가 많이 있으며, 또한 역으로 어떠한 방식으로도 신화적 사고로 대신할 수 없는 많은 논리적 사상이 새롭게 발견되기도 한다는 것이다. 스넬은 신화적 사고와 논리적 사고라는 표현을 그대로 받아들이는 편이 이 두 사고의 본질을 이해하는 데 도움을 줄 수 있음을 인정한다. 그래서 그는 신화는 사고의 내용에 관련되어 있지만, 논리적인 것은 사고의 형식에 관련을 맺고 있다는 점을 지적하면서도, 이 두 개념이 인간 사고의 역사적 단계를 적확하게 나타내는 것임을 강조한다. 그렇기 때문에 여전히 이 두 개념을 보존하는 편이 더 나을 수 있다고 주장한다. 이 두 개념은 서로가 엄격하게 배제하는 것이 아니라, 오히려 서로 침투할

여지가 있다는 것이다.[40]

신화의 의미와 문자의 사용

전통적이고 비문자화된 사회에서 신화들이 가장 중요한 위치를 차지하고 있었다는 것은 의심할 여지가 없다. 대부분의 그러한 사회들에서는 전통적 혹은 전설적인 이야기들이 논쟁, 설득, 위안 및 의사소통의 주요 수단이었다. 그것들은 영원한 화제들에 관한 일반화된 논의에 의해 받아들여진 최초의 유형이다. 그것들은 생활 방식의 일부분이기는 하나, 대개는 조리를 갖춘 것은 아니었으며, 여전히 철학적인 것도 아니었다. 철학은 합리적인 일관성을 추구하였고, 보편적으로 적용할 수 있는 일반적인 주제들을 다루려 했다. 그러나 신화는 그렇지 못했다.

한편 비전통적 문자 사회에서는 개인의 견해들이 고무되었고, '조문들'은 글자로써 잘 기록되었다. 일관성은 덕 가운데 하나가 되었으며, 사실적인 것이 환상적이거나 시적인 것보다 우위를 차지하였다. 이와 같은 사회가 반드시 철학적인 사회는 아니었으나, 추리와 일반화가 발전할 수 있는 배경을 제공해 주었다. 그러나 전통적인 사회는 그렇지 못했다. 보다 더 중요한 것은 바로 그 보수주의와 전통성에 의하여, 그리고 모든 필요한 답변을 제공해 주는 것으로 신화를 받아들임으로써, 제도들이나 관습에서 또는 신앙을 포함하는 믿음들에서 그 어떤 변화에도 철저히 반대했다는 점이다.

헬라스에서의 문자사용은 대략 기원전 700년경인 호메로스와 헤시오도스 시대에 이르러서야 정착되었다는 것이 일반적으로 받아들여지는 주장이다. 특이하게도 헬라스에서의 문자사용은 다른 문화 제도와 비교해 볼 때 늦게 등장하였다. 호메로스 이전의 헬라스가 문자 이전의 사회였다는 이유만으로 전통적인 사회라고 할 수는 없다. 비단 호메로스 훨씬 이전뿐만 아니라, 매우 정교한 정치적, 사회적, 경제적 조직을 갖춘 뮈케네 시대 훨씬 이전에도 헬라스는 이미 전통성의 여러 가지 모습을 상실하고 있었다. 신화들은 호메로스 시대 및 그 이후에 이르기까지도 특별한 문화적 의미를 지니고 있었으나, 사회에서의 중요성과 기능은 이미 변화했음에 틀림없다. 더구나 그것들은 진정한 전통 사회에서의 그것과는 비교할 수 없을 정도로 조직화되었다. 그뿐만 아니라 『일리아스』에서 절정을 이룬 구전으로 전해 온 헬라스의 영웅 전통은 실제로 문자로 쓰이지 않았으면서도 문학적 속성을 많이 지니고 있었다.

신화를 만드는 사고

이 같은 일반적인 상황을 배경으로 하여 우리는 '신화적 사고'라는 저 상상 속의 괴물과도 같은 실재물을 고찰하는 방향으로 돌아설 수 있을 것이다. 우선 '신화를 만드는 사고'라는 엄청난 문제를 처리해 보도록 하자. 사실상 '신화적 사고'라는 말은 어떤 작가가 무언가 불분명하고, 의심스러운 문자로 쓰여 있으며, 또 이해할 수 없을 만큼의 많은 내용이 뒤섞여 있어서 왠지 편치 않다고 느꼈을 때, 대개 작가를 그 상황으로 끌어들이는 순전히 감정적인 관용어이다. 다른 한편으로 반드시 필요한 것은 아니더라도 '신화 만들기(muthopoia)'라는 말을 우선적으로 받아들일 수 있을 것이다. 헬라스어인 'poieõ'는 '내가 만든다'라는 뜻이므로 그 말은 단순히 '신화를 만드는' 것을 의미한다. 그러므로 '신화를 만드는 사고'가 의미할 수 있는 모든 것은 신화를 만드는 데 표현되거나, 만들도록 인도하는 사고의 일종에 불과하다.

'사고'는 무엇을 생각하는 것이거나 혹은 무엇을 전제하는 것이다. 그리고 그 사고는 지체 없이 '신화적으로 생각함'과 같은 것이 존재하는가를 묻는 데 도움이 된다. 그렇다면 신화를 만들거나 혹은 듣든지 간에, 신화들의 사용이 어떤 특별한 유형의 '생각함'을 수반하는가?

'원시적 정신'이 모든 종족 또는 미개 사회의 재산으로 받아들여지던 그 시절에는 단순했다고 할 수 있다. 즉, 신화적으로 생각함은 신화적 사고와 같은 정신의 나타남이었다. 다시 말해서 최초로 세계를 유형적으로 파악하는 인간 정신의 드러남이라고 말할 수 있다. 그러나 돌발적인 충동과 신비적 연상 작용에 따라서 삶을 영위했던 비사고적 야만인들의 비전은 인류학자들의 이성적 음미를 견뎌낼 수 없었다. 비록 그들 사회의 구성원들이 이성으로 장식된 의복은 입지 않았다고 할지라도, 그들은 아리스토텔레스의 치밀한 논리학과는 다른 '논리'에 의해서 충분히 체계적으로 사고했다. 레비스트로스의 관찰적 보고에서 명확히 드러나듯이, 이 점을 의문시할 수는 없다.

고전학자들은 '신화적으로 생각함'이라는 말을 자주 사용해 왔으나 그것이 무엇인가에 관해서는 일치된 견해를 내놓지 못하고 있다. 이 점에 대해서는 앞서 인용한 브루노 스넬의 말을 상기하도록 하자. 스넬의 말을 통해서 드러나는 바와 같이 신화들과 논리는 절대적으로 모순되는 것이 아니며, 적어도 실제적인 면에서는 중복되는 영역이 존재했다는 점을 인정할 수 있다. 그러나 다만 스넬은 '신화적 사고'라는 관념을 규정된 어떤 '공리적인 것'으로 받아들이고 있다는 인상을 준다. 다른 구절을 살펴보면, 스넬이 심오하거나 혹은 정확한 어떤 것을 전혀 염두에 두고 있지 않음을 알 수 있다.

스넬은 원초적 상태에서는 논리적인 것이 '암묵적으로'만 언어 속에 나타나고 있었다는 점을 인정한다. 그러나 그는 '의미 깊게 맥락을 좇아 말하는 능력'이 '논리적 사고'의 발전에 따라서 생겨난 것은 아니라고 주장한다. 나아가 그는 신화적 사고 역시 두 사건의 전후 관계를 원인과 결과라는 연쇄 과정으로 파악한다고 말한다. 사실상 신화의 본질적 핵심은 '우주의 생성, 자연 현상의 기원, 그리고 인간의 기원 및 그 제도, 관습 등의 기원에 대한 물음'에 답하는 데에 있다는 것이 스넬의 신화 해석의 초점이다.

스넬은 논라-이전 혹은 아리스토텔레스 이전의 인간이 실제로 '의미 깊게 맥락을 좇아 말하는 것'과 연관되는 언어를 사용했다는 것을 인정하고 있다. 이는 아마도 원시인들의 심성과 기이한 행위에 관한 레비-브륄(Lévy-Bruhl)적인 생각에 대한 임기응변적 반응일 것이다. 스넬의 주장과는 달리, 신화들의 구체적 아이티아(aitia, 원인)들은 종종 하찮은 것이거나 유머러스한 것에 의존하고 있으며, 대개는 '논리적'이지 않은 것으로 받아들일 수 있을 것이다. 그래서 좀더 심각한 문제에 관한 신화적 '해결책들'은 논리적 설명과는 전혀 다른 방법으로 이루어지고, 또한 논리적 설명을 전혀 배제하고 있는 것으로 해석될 수 있다.

사실상 레비-브륄은 논리-이전은 비합리적인 것과 같은 것이라고 지적하고 있다. 나아가 레비-브륄은 원시적 심성과 우리 자신의 그것은 어떤 공통된 척도도 나누어 가질 수 없다고 주장한다. 이 두 가지는 동일한 유에 속하는 것이 아니라, 서로 극단으로 반대되는 것이다. 원시적 사고 혹은 신화적 사고는 논리적 정신이 아니라, '선-논리적(prelogical)' 혹은 신비적 정신에 불과하다. 우리의 가장 기본적인 원리도 이 신비적 정신에서는 무시될 수밖에 없다. 결국 레비-브륄에 따르면 원시인은 그 자신의 세계, 즉 우리의 경험이 알 수 없고 우리의 사고 형식이 미치지 못하는 세계에 살고 있을 따름이다.

그러나 스넬이 지적하고 있다시피, 신화들과 논리적 사고가 중복되었다는 측면은 그 양쪽 모두가 세계에 대한 여러 설명들을 제공하고 있다는 것으로 이해할 수 있다.

신화와 꿈의 비유
한 걸음 더 나아가, 스넬은 신화적 사고의 본질을 밝혀내기 위하여 신화에 대한 꿈의 명백한 비유를 끌어들이고 있다. 이것은 프로이드 이래로 받아들여졌던 방법이기도 하다. 스넬의 말을 들어보자.

신화적 사고는 다양한 이미지와 비유의 형태를 가진 사고와 긴밀히 결부되어 있다. 이 두 개의 사고 형태는 심리학적으로는 논리적 사고로부터 구별되는데, 그 까닭은 논리적 사고가 탐구를 그 목적으로 하는 데 반해서, 신화와 비유의 이미지는 상상력에 호소하고 있기 때문이다……신화적 사고는 감수성을 요구한다. 논리적 사고는 행동을 요구한다. 사실상 논리적 사고는, 인간이 자기 자신의 행동과 그의 개인적인 정신을 의식하게 된 이후에 비로소 발달하고 있다. 논리적 사고는 완전한 자각(Wachsein, 깨어 있음)이다. 반면에 신화적 사고는 모든 이미지와 사상이 의지에 의해서 제어되지 않은 채 붕 떠 있는 상태에 있는 꿈과 접하고 있다.[41]

꿈의 비유들이 가진 공통된 이미지들은 분명히 구체적인 가시적 내지 구상적 이미지들이며, '의지에 의해서 제어되지 않은 채' 꿈과 접해 있는 이미지들이다. 스넬의 이러한 견해는 에른스트 캇시러에게서 어느 정도 영향을 받고 있음이 분명하다. 캇시러는 뒷받침하는 증거도 갖추지 않은 채, 신화들이 종교적 경험 방식을 통해서 지성에 갑자기 나타났다고 주장한바 있다. 신화들은 직접적인 파악에 의한 외부 세계의 두드러진 어떤 특정 모습에 대한 반응이다. 철학적 사고가 조직적인 추론을 통해 그 결과를 얻는 데 반하여, 신화들은 더욱 감정적이고 직접적으로 창조되거나 파악된다는 캇시러의 견해는 옳아 보인다. 결국 '이야기를 꾸미는 사람'은 논리학자와는 다른 유형의 인간이기 때문이다.

때로는 신화들도 어느 정도 꿈과 유사하다. 우리가 알고 있는 바와 같은 대부분의 헬라스 신화들이 그런 식으로 발생하지는 않았을지라도, 그것은 사실이다. 신화와 꿈의 유사성은 가시적 속성 자체에 의존하기보다는 그것들의 현저한 진기함과 '조리에 맞지 않는다는 사실'에 의존한다. 분명히 신화들은 '이야기'이며, 이야기들은 가능한 한 하나의 형상을 사실적인 형태로 구현하는 구체적 상황에서 만들어진다. 그러나 꿈들이 그러하듯이 그것들의 이미지들이 아무런 일관성 없이 나열되어 이루어지는 것은 아니다. 뿐만 아니라 신화의 비유들이 갑자기 상상력을 터뜨리거나 혹은 그렇게 행함으로써 그것들이 "~에 의해서 붕 떠 있는" 것이라고 믿을 만한 심각한 이유가 있어 보이지도 않는다. 비유의 이미지들은 종종 가장 현저하게 눈에 띄는 신화들의 가시적 질이라기보다는 오히려 '상징적'인 것이다. 그러나 대부분의 신화들이 상징적인 것이라고 말할 수는 없다. 실제로 많은 신화들이 그 자체의 언급 대상을 가지고 있지 않을 뿐만 아니라, 라비린토스(Labyrinthos) 신화와 같은 매우 신비한 것들조차도 특정한 상징적 의미를 가질 필요는 없어 보인다.

신화들과 꿈들에 대한 스넬의 주장이 비록 어떤 측면에서는 시사하는 바가 많기는 하지만, '신화적 사유함'이라는 관념에 참여하고 있다는 점에서는 보다 많은 설명을 필요로 한다. 철학적, 미학적 해석만으로 신화가 우리의 개념으로 다 설명되는 것은 아니다. 신화들 각각이 가지고 있는 그 독특한 성격을 내보이는 시각적 특성을 규명할 수 있을 때, 신화 속에서 드러나는 그 본래의 의미를 파악할 수 있을 것이라 생각된다.

오리엔트의 영향사적 의미

오리엔트의 역사적 의미

플라톤은 "우리는 헬라스인들이 다른 이민족으로부터 넘겨받은 것이 무엇이든지 간에, 결국에는 그것을 보다 나은 것으로 전환시켰다고 파악할 수 있다"[42]고 지적하였다. 아닌 게아니라 헬라스인들은 많은 것을 다른 이민족에 빚지고 있다. 헬라스적 사유의 형성 바탕에는 오리엔트의 문화, 종교, 경험적 기술을 비롯한 여러 사상이 가로놓여 있다. 이런 측면에서 본다면 헬라스적 사유의 독창성을 인정할 수 없다는 관점이 대두될 수 있을 것이다.

이제 오리엔트의 영향으로부터 헬라스적 사유가 발전했다고 보는 입장을 살펴보기로 하자. '오리엔트'라는 말은 원래 로마인들이 자신들의 나라인 이탈리아 반도를 중심으로, 서쪽의 '해가 지는 방향'이라는 의미의 옥키덴스(occidens)에 대하여 동쪽을 '해가 뜨는 방향'이라는 의미인 오리엔스(oriens)라고 부르기 시작한 데서 연유하였다. 아시아(Asia)라는 말 역시 헬라스인들이 소아시아의 서부 마이안드로스(Maiandros) 강의 비옥한 지대를 '풍요한 아시오스(Asios)의 들판'이라고 부르던 데에서 유래하였다. 그 후 아시아라는 말은 아나톨리아 반도 전체를 가리키는 말이 되었고, 또한 오리엔트의 여러 지역을 포함하기에 이르렀다. 따라서 '빛은 동방으로부터(ex oriente lux)'라는 관용적 표현은 로마인들이 자신들의 문화가 헬라스에서 연원한다는 사실을 가리키는 말이다.

이 관점은 '빛은 동방으로부터'라는 관용구에서 보이는 것처럼, 오리엔트 문화의 침투로 말미암아 헬라스적 사유가 꽃을 피우게 되었다는 주장이다. 사실상 헬라스의 '기하학'은 이집트 나일 강의 '땅 측량술'로부터 발전하였고, 천문학은 메소포타미아의 경험적 기술인 점성술로부터 발전하였다. 이러한 천문학적 기술(테크네)은 항해술로 발전하여 헬라스인으로 하여금 지중해 저편에까지 도달할 수 있게 했고, 그래서 여러 지역에 그들의 식민 도시를 구축할 수 있었다. 더욱이 이집트의 영향에 의하여 성장된 기하학적 사고가 건축술의 발전은 물론이고, 추상적 사고의 발전에 이바지했다는 것은 부인하지 못할 사실이다.

경험에서 이론으로

이러한 학문의 발전 방향은 앞서 스넬의 논의를 빌어 설명한 바 있듯이, 현대 학문 발전이 '이론-기술'이라는 계기를 통하여 이루어지는 데 반하여, 그와 반대되는 방향인 '경험-이론'이라는 절차를 밟고 있는 듯 보인다. 과학은 사물과의 접촉에 의해서 일어나며, 감각의 증거에 의존한다. 과학이 비록 경험으로부터 떨어져 나온 것처럼 보이지만, 그것은 항시 경험으로 되돌아오지 않을 수 없다. 또한 과학은 이론의 정교화와 논리학을 요구한다. 그러나 그 가장 엄밀한 논리와 선택 이론역시 실천에서 증명되어야만 한다. 실천적 의미에 있어서 과학은 추상적이고 사변적인 과학을 위한 토대가 되어야 한다.[43] 과학의 발전이라는 관점에서 생각해 볼 때 인간의 생존이 문제시될 수 없는 상황에서 비로소 '경험의 이론화'가 시작될 수 있다.

애초에 헬라스인들은 경제적 이유로 인해 그들의 시각을 밖으로 확장하고 그들의 발길을 지중해 연안으로 돌리기 시작했다. 마침내 지중해 연안을 식민 도시로 구축한 헬라스인들은 경제적 풍요를 누렸고, 직접 경제 활동에 종사할 필요가 없게 되었다. 사실상 화폐의 주조, 문자의 사용, 철의 사용 등은 헬라스인들이 동쪽의 이민족에게 빚지고 있는 대표적인 것들이다. '화폐' '문자' '철' 등이 헬라스인들로 하여금 지중해로 뻗어나갈 수 있는 발판이 되었다는 사실은 부인할 수 없다. 그들은 점차 경제적 활동에 필요한 화폐라든가 정치 제도 같은 사회조직화의 문제에 관심을 가지게 되었다. 과학으로 무장한 집단이 사회 구성원 상층부에 자리잡게 된 것은 당연한 사회적-정치적 발전이다. 삶의 기본 조건인 노동의 억압으로부터 벗어난 그들은 이런 문제들에 관하여 자유롭게 토론할 수 있는 시간을 가질 수 있었다. 아리스토텔레스도 『형이상학』에서, 철학의 출발이 삶을 위한 경제적 활동에서 자유로운 이집트 승려 계급의 '한가함(scholē)'에서 비롯되었다고 보고하고 있다.

이집트와 근동 신화의 영향

헤로도토스가 이집트를 방문해서 그 지방의 토속적인 신들을 알게 되었을 때, 그는 거기에도 아폴론, 디오니소스, 아르테미스라는 신이 마땅히 있는 것으로 알았다. 즉, 부파스티스는 헬라스어로 아르테미스(『역사』 제2권 137항목)로 부르고, 호로스는 아폴론으로, 오시리스는 디오니소스(『역사』 제2권 144항목) 등으로 말해진다고 기술하고 있다.

마치 왕에 대한 이집트의 명칭이 헬라스와 다르게 불리듯이, 또한 이집트와 페르시아의 옥새(玉璽)가 다르듯이, 배와 시가지가 이집트와 헬라스에서 다르게 불려지고, 이것들이 두 나라에서 각각 그 외견이 다른 것처럼, 이집트의 신들은 헬라스의 신들과 서로 달랐다. 그러나 그 신들은 헬라스어 및 헬라스적 관념으로 손쉽게 '번역'될 수 있었다. 이것은 무엇을 의미하는 것일까? 당시 지중해를 중심으로 펼쳐졌던 문명권이 '신의 본성'에 대한 어떤 공동적인 유산을 물려받고 있다는 증거는 아닐까?

탈레스는 만물의 근원을 '물'이라고 보았는데, 이는 그가 근동의 신화에 영향을 받았음을 보여준다. 이집트의 우주 창조 설화는, 위의 세계(하늘)에 위치하는 "눈(nun, 물)은 생명이 처음 생기는 원시수요, 생명은 밑의 세계, 즉 나우네트(Naunet) 물에서 생긴다"고 말하고 있다.[44] 또, 바빌로니아의 물의 여신인 티아마트 신화에 관련된 우주의 기원시 「에누마 엘리쉬 *Enuma Elish*」에는 천지개벽 이전에 "모든 것은 물이었다"라고 기록되어 있다.[45] 배철현은 이 시의 목적을 이렇게 규정한다.

> 마르두크 신이 바빌론이라는 도시의 신에서 출발해 메소포타미아 전체의 최고신이 되는 등극 과정을 보여주는 데에 있다. 이 시에서 마르두크 신에게 정당성을 제공하기 위해서 그가 어떻게 혼돈의 여신인 티아마트를 죽이고 우주의 질서를 세웠는가를 보여준다. 신들의 계보와 그들 간의 갈등 묘사는 마르두크 신의 등장을 설명하기 위한 배경이었고, 우주 창조는 우주에 대한 마르두크 신의 절대적 권력을 정당화하기 위한 이야기에 불과하다(54쪽).

마르두크는 우주를 창조하기 위하여 티아마트의 사지를 쪼개어 그 반을 가지고 천체의 물(하늘)을 만들고, 나머지 반을 가지고 지하 깊이 흐르는 압수(Apsu)와 지구의 천정(天頂)에 흐르는 에스하라(Esharra)를 만들었다.

우주 창조 이전에 카오스는 분리되지 않은 채, 세 가지 원초적인 요소들이 혼합되어 있었다. 이 세 요소 중 압수는 달콤한 물을 표상하고, 티아마트는 바다를, 그리고 무엇이라고 분명하게 식별해낼 수는 없지만 문무(Mummu)는 아마도 '구름과 안개'를 표상한다고 볼 수 있다. 물에 관련된 세 가지의 상이한 측면을 통해서 우리는 남성과 여성의 원리를 찾아볼 수 있다. 또, 위의 두 신화를 통하여 태초의 우주가 티아마트, 눈(nun) 그리고 그의 배우자인 하늘의 반대편에 위치하는 나우네트가 혼돈 상태로 결합되어 있는 전체이고, 성적인 생식 과정을 통해서 거기로부터 만물이 생겨나는 창조 과정을 이해해 볼 수 있다.

자연 철학자와 지중해 문명과의 교섭

이렇듯 당시 지중해 문명권에는 물과 관련된 신화가 매우 폭넓게 유포되어 있었다. 호메로스의 『일리아스』에서 물의 신인 오케아노스가 '신들의 아버지'로 불리는 것으로 미루어 보아, 탈레스가 만물의 아르케를 '물'로 규정했던 것은 단순히 우연만은 아니다.[46] 그러나 탈레스의 진정한 의도가 무엇이었으며 어디에 있었는지는 보다 더 신중하게 논의해야만 할 것이다.

우리가 이 시점에서 말할 수 있는 것은, 탈레스가 또 다른 신화를 말하려는 목적을 가지고 있지 않았으며, 단순히 전해지는 신화를 그대로 모방하거나 수용하려는 태도도 갖고 있지 않았다는 점이다.[47] 오히려 그의 태도는 신화에 대한 비판적 입장에 있다고 말할 수 있다. 그는 전승되는 신화적 자연학자 (physikoi)들과 다르게 '사변적 능력'을 통하여 세계 전체에 대하여 그리고 그 기원에 관하여 물음을 던졌다. 이것이 이전의 자연학자들과 그를 구별해 주는 중요한 점이다. 탈레스는 세계를 보았고, 관찰했으며, 그것을 기술했다. 그리고 거기에서 '놀라움(thaumasia)'을 발견했던 것이다. 탈레스를 철학자로 만든 것은 각 개별적인 경우들에서 명백하게 드러난 인간의 의지이고, 놀라움 속에서 그 신비적인 것을 포착해냈다는 점이다. 나아가 그것이 인간에게 신뢰를 줄 수 있도록 개념적으로 파악할 수 있는 원인(이유)을 찾았다는 점이다.[48]

사실상 아리스토텔레스는 탈레스에 관련하여 신화에 대한 어떤 암시만을 내놓은 채 다시 돌아선다. 그리고 그는 단지 자연적 관찰에 기초한 하나의 사실만을 지적한다. 즉, '물'이 생명의 본질이라는 것이다.[49] 헬라스의 합창 시인이었던 핀다로스 역시 『올림피아 제1승리가(송가)』의 시작 부분에서 '물은 만물 가운데 최선의 것(ariston)'이라고 노래한 바 있다. 핀다로스와 같은 시대 사람인 헤라클레이토스는 "영혼들에게 죽음은 물이 되는 것이고, 물에게 죽음은 흙이 되는 것이다. 흙에서 물이 생겨나고, 물에서 영혼이 생겨난다"[50]고 말하고 있다. 그에 의하면 물은 죽은 대지를 위한 성장력을 갖는 생명의 원소였다.

이밖에도 헬라스 철학의 동방에 대한 영향을 언급하는 학자들은 아낙시만드로스의 아페이론(apeiron)과 헤시오도스의 『신들의 탄생』116행에서 보이는 원초적이면서 미분화된 통일체인 카오스와의 유사성을 논하면서,[51] 『신들의 탄생』의 생각이 근동의 신화와 깊은 연관을 맺고 있음을 주장하기도 한다.[52] 양자는 대립되는 요소들 간의 최초의 분리를 기술하고 있으며, 또한 대립되는 요소들 간의 상호 작용과 재결합에 대하여 언급하고 있다. 이 결합시키는 힘이 『신들의 탄생』에서는 에로스(120행)로, 플루타르코스가 보고하는 아낙시만드로스의 우주 발생론에서는 'gonimon'으로 언급되고 있다.

어떤 학자는 헤라클레이토스의 '불'에 관련된 생각 가운데에도 인도-이란적인 종교 사상의 영향이 흐르고 있다고 주장한다.[53] 즉, 불에 관련된 사고가 조로아스터 종교의 이원론적인 사유 방식에 영향을 입고 있다는 주장이 그것이다. 이 점에 대해 로이드는 헤라클레이토스의 주된 철학적 사상이 단순히 대립되는 실재의 모습에 대한 기술이 아니라, 대립되는 것들 간의 조화와 통일 그리고 상호 의존성에 있다고 이해함으로써, 이러한 해석에 반대하는 입장에 서고 있다.[54]

어쨌거나 헬라스적 사유가 고대 근동(오리엔트)의 영향을 받았다고 주창(主唱)하는 학자들은 탈레스로부터 다원론자인 엠페도클레스에게 이르기까지 인도-이란적 사유와 마고스족의 사유가 영향을 미치고 있다고 주장한다.[55] 웨스트는 헬라스 초기 철학자들의 우주 생성론, 인간의 생성, 선악의 대비, 지성적 존재로서의 신의 개념, 수의 개념, 세계의 구성 요소로서의 기본적 질료 개념, 존재는 '하나'라는 생각에 이르기까지 그 모두가 '마고스족의 선물'이었다고 주장한다.[56] 아닌 게 아니라 오르페우스의 종교 교설 중 특히 선악의 이원론, 영혼 불멸설, 영혼의 윤회 등은 페르시아-인도적인 색채가 짙게 풍기고 있다.

물론 오리엔트의 영향을 받았다는 해석에 대해서 반대의 이론을 제기하는 견해들도 만만치 않다. 젤러는 "탈레스로부터 헤라클레이토스까지의 이오니아의 물활론은 그들의 선행자인 헤시오도스나 오르페우스의 신화적 세계 해석에 대한 반대의 견해에서 나온 것이다. 이원론이 그 물활론적인 세계에서 나온 것이 올바른 발전이지, 그것이 페르시아 신화적인 해석은 아니다. 그 이원론은 엘레아 학파가 발생하는 동기가 되었고, 원자론은 물활론과 엘레아 학파가 결합된 것"이라는 입장을 내세웠다.[57] 한편 버넷은 헬라스와 오리엔트의 접촉까지는 부정하지 않는다. 그러나 헬라스적 사유의 독창성을 부인하는 태도에는 부정적 입장을 취한다. 그는 헬라스 문명은 신석기 시대 이후 높은 단계의 문명을 건설했던 에게 해 문명의 재생이요, 연속이라고 주장한다.[58]

문학 장르의 발전과 이성의 전개

문학 장르의 발전과 자아개념의 형성

독일의 고전-문헌학자인 브루노 스넬은 서양 고전문학 및 철학에 관련된 일련의 체계적 논문들을 엮은 저서 『정신의 발견』에서 여러 가지 주목할 만한 주장을 내세우고 있다. 그는 헬라스 문학의 발전과 전개 과정, 즉 서사시, 서정시, 비극, 산문, 철학으로 이어지는 과정을 헬라스 정신의 발전 과정으로 파악한다. 스넬은 그 책을 통하여 헬라스 문학의 발전 과정에서 늘 문제가 되고 있는 헬라스 정신의 뿌리인 호메로스의 시가에 대한 훌륭한 해석 방법과 성과를 제시하고 있다. 무엇보다도 그의 연구 성과는 호메로스적 언어의 분석을 통한 호메로스적 인간관과 세계관에 대한 올바른 이해에서 찾아볼 수 있다. 그는 자신의 연구 성과를 호메로스 시가에 대한 언어적, 철학적 분석 및 문헌학적 해석 방식을 통하여 제시한다. 또한 스넬은 제우스를 정점으로 하는 헬라스인들의 전통적인 신관의 형성 과정을 검토함으로써 어떻게 신적인 질서가 인간과 세계에 질서를 가져올 수 있었는지를 논의하고 있다. 이러한 스넬의 방법론적 접근 방식은 호메로스적 인간들의 세계관을 올바르게 이해하기 위해서는 우선적으로 그들이 사용하였던 언어에 대한 명료한 이해가 선행되어야 한다는 생각에 토대를 두고 전개되고 있다.

스넬은 헬라스 정신세계의 발전을 헬라스 문학의 발전 형식인 서사시, 서정시, 비극, 산문의 순서로 이해하고, 서정 시대와 비극의 시대에 들어와 본격적으로 인간이 자신(자아)을 의식하고 깨닫게 됨으로써 인간의 정신세계를 '나'(자아)의 관점에서 해석하게 되었다고 파악한다.

헬라스적 사유의 기원을 이해하는 그의 기본적인 태도는 다음과 같은 말로 요약된다.

헬라스인들은……우리가 사고라고 부를 수 있는 것을 처음으로 창출하였다. 헬라스인은 보다 활동적인, 추구하고 탐구하는 정신으로서의 인간의 정신을 발견하였다. 그 토대에는 인간의 새로운 자기 파악이 놓여 있다. 정신의 발견이라고 하는 이 과정은 호메로스로부터 시작된 헬라스 문학과 철학의 역사 속에서 명확하게 드러난다. 즉, 인간의 본성과 본질을 합리적으로 파악하려는 시도들인 서사문학, 서정문학, 극문학(드라마) 등은 이 여로 위에 있는 단계들이다.[59]

서사문학의 시기

호메로스로 대표되는 서사문학의 시대에는 아직 인간 자신이 스스로를 인식하려는 태도가 엿보이지 않는다. 아직 세계에 대한 자기 인식의 주체인 '자아'라는 개념이 존재하지 않았던 것이다. 인간의 인식과 행위는 외부에서 주어지는 힘, 즉 신성에 의지할 뿐이었다. 이러한 점을 논증하기 위하여 스넬은 정신적인 것을 표현하는 여러 용어(프시케, 누우스, 티모스)들을 분석한다.[60] 결론적으로 그는 이 시기에 있어서, 즉 "호메로스에게 있어서 인간 정신의 자발성이란 의식(인간 스스로의 의지 결단이나 일반적으로 정동의 움직임에 근원이 있다는 의식)은 결여되어 있다. 서사시의 사건에 적합한 것은 또한 인간의 지각, 사고, 의욕에 대해서도 마찬가지로 적합하다. 이것들은 그 발단을 신들에 두고 있다"고 주장한다.[61]

그의 논증에 따르면 무엇보다도 '자아'에 해당하는 언어를 갖고 있지 못하기 때문에, 호메로스 시대의 인간들은 자신이 행위의 주체가 되지 못하고, 반면에 외부로부터 주어진 힘, 즉 신성으로부터 오는 힘을 통하여 인간의 행위가 이루어진다는 것이다. 나아가 그는 호메로스에게 있어서 영혼의 기관은 반드시 신체적 기관과 구별되는 것이 아니라는 점에 크게 주목했다. 그리고 자아를 포괄한다고 여겨지는 인간 정신의 기능들(프시케, 누우스, 티모스)은 추상적이기보다는 반구체적 기관으로 표현되고 있음을 찾아내었다. 그 각각의 기관들은 서로 다른 고유한 기능을 수행하고 있기 때문에, 우리가 염두에 두고 있는 총체적인 인간의 모습으로 파악될 수 없다는 것이 그의 해석이다.

예를 들어 프시케는 생명의 호흡(목숨)을 담당하는 기능을, 티모스는 감정의 움직임(분노, 용기, 공포 등)을 담당하는 기능을, 누우스는 사고 행위와 깊은 관련을 맺는 기능을 수행하고 있다.[62] 이 기관들은 서로 독자적인 기능을 수행하고 있기 때문에, 그 기능을 한데 묶어주는 '자아'에 해당하는 기능을 수행할 수 없다는 것이다. 인간 행위에 대한 결단은 자아(자유의지)를 전제해야만 하는데, 이와 같은 상이한 기능으로 이루어진 인간들은 독자적인 행위에 대한 결단을 내릴 수 없다. 결국 스넬의 주장에 따르면 인간이 자발적으로 결단을 내리는 모습은 호메로스 시가에 등장하는 인물들을 통해서가 아니라, 서정 시대를 거친 비극의 시대와 산문 시대에 이르러서야 나타나게 된다.

스넬은 호메로스의 언어에서 사용되는 '본다'라는 여러 동사의 용법을 분석하여, 그들에게 있어서 '본다'라는 동사는 직접적으로 지각할 수 있는 측면 및 그 외부적 조건, 즉 구상적 양태를 강하게 표현하는 것이었으나, 후기에 들어서는 '본다'고 하는 행위의 본질적 기능이 그 동사의 의미를 형성하기에 이른다고 해석한다. 스넬은 '보다'라는 동사들의 의미 분석을 통하여, 우리에게는 당연한 본래의 기능, 즉 '본다'고 하는 행위의 실질적인 기능으로 파악되는 것이, 그들에게는 본래적인 것이 아니었음을 강조한다. 따라서 우리는 "그들이 아직 본다고 하는 것을 알지 못했다거나 혹은 그것을 더욱 풍부한 역설로서 적극적으로 표현하여, 그것에 의해 주어진 문제를 한층 더 예리하게 파악하기 위해서, 그들은 아직 볼 수 없었을 것"이라고 말해야만 한다는 것이다. 스넬의 언어 분석에서 분명하게 드러나는 것은, 호메로스적 인간들은 본다고 하는 지각 행위에 있어서 여러 기능적인 면을 분리해서 파악하고 있다는 점이다.[63]

서정문학의 시기

고대 서사문학과 서정문학 간의 가장 현저한 차이는 서정시에서 처음으로 시인이 뚜렷한 인격체(개성, 개체)로서 나타난다는 점이다. 이를테면 아르키로코스는 『오뒷세이아』 제14가 228행의 "사람들 각자는 각각 다른 일로 기뻐한다"는 구절을 "각자는 자신의 방식대로 기뻐한다(41)"라고 노래하고, 사포는 "내가 사랑하는 것이야말로 가장 아름다운 것이다"라고 노래한다. 더 나아가 아낙레온은 "나는 다시 사랑하고 사랑하지 않는다. 미치면서도 미치지 않는다(79)"라고 읊기 시작한다. 사포는 "또다시 수족을 무력하게 하는 에로스, 고통스럽고 달콤한(glukupikron) 에로스가 나를 쫓고 있다. 나는 그 앞에서 어쩔 수가 없구나 (137)"라고 노래하고 있으며, 다른 시 구절에서는 "어찌해야 할지 알지 못하겠구나. 지금 나는 두 생각에 빠져 있다"고 노래하고 있다. 이제 한 개인의 심적 상태를 '고통스럽고-달콤한'이란 말로 표현하기에 이르렀고, 영혼의 영역과 육체의 영역이 근본적으로 다른 것이라고 이해하기 시작했다. 다시 말해 인간이 스스로 내면세계의 독자성을 깨닫기 시작하는 것이다. 이제 인간이 내면의 갈등을 겪는다는 것은 극히 자연스러운 일로 받아들여지기 시작한다.

호메로스 시대에는 상이한 개인들이 동일한 정신을 갖고 있다거나, 하나의 영혼을 공유하고 있다고 하는 분명한 관념이 아직 나타나고 있지 않았다. 이러한 관념이 정신의 발전 과정에서 대두하기 시작하는 시기는 서정 시대에 들어서이다. 초기 헬라스의 서정시인들은, 인간이 '혼(Seele)'을 갖고 있다는 의식을 깊이 자각했다. 그들은 인간 감정의 움직임을 단서로 해서, 이 감정이 육체 기관의 움직임과는 근본적으로 구별되고, 모든 물적인 사실 세계와 대립되는 어떤 특징을 지니고 있다는 것을 처음으로 찾아냈던 것이다. 다시 말해 서정시인은 감정이 단지 신성의 개입 혹은 무언가 이와 비슷한 것에 대한 반응이 아니라, 완전히 독자적인 방식으로 각 개인에게 귀속하는 것으로 파악한다. 감정은 개인 자신으로부터 일어나는 개성적인 무엇이며, 나아가 이들 감정에는 다양한 인간을 서로 연결할 수 있는 동일한 감정, 회상 그리고 의견이 포섭될 수 있다는 것이다. 서정시인들은 인간의 감정이라는 것이 내면의 긴장 및 모순을 빚을 수 있는 것이며, 이에 따라서 심적인 것의 강도와 그 독자의 차원, 요컨대 '심오함(깊이)'이 나타나는 것이라는 점에 주목했다.

비극의 시대

비극의 시대에 들어와 인간이 내면의 갈등을 겪는 정도는 더욱 극렬화되며, 첨예화되고 있다. 비극이 탐구하는 주제는 인간 자체로 향한다. 서정시의 본질적인 모티프가 절망감이라면, 비극은 그 절망감을 넘어 주인공이 겪는 격렬한 고뇌를 통해서 인간의 위대함과 고귀함을 실현한다. 또한 서정시적인 개인의 자각은 비극에서 한층 더 첨예화되어 인간 내면의 깊이를 자각하게 되는데, 이 정신적 가치는 개인적인 것을 넘어 보편적인 것으로 향하게 된다. 여기서는 정신적인 무엇을 찾아내는 데 그치지 않고, 오히려 정신적 가치인 '정의'가 인간의 행위와 결단을 요구하게끔 되며, 도덕의식이 성장하게 된다. 비극의 시기와 더불어 스스로의 정신세계에 대한 독자적인 영역이 확보되면서 이와 거의 동시대에 등장하는 산문 작가들과 대부분의 철학자들은 인간의 독자적 정신 영역인 '자아' 세계를 통하여 이 우주를 이해하게 되기에 이른다. 소크라 테스가 『변명』에서 "영혼(프시케)을 돌보라"라고 했던 말은 곧 "너의 자아를 돌보라"라는 것으로 이해된다.

헬라스 종교와 철학

헤시오도스와 기원의 탐구

호메로스와 거의 동시대에 살았던 헤시오도스의 신과 영웅 의 세계로부터 헬라스적 사유의 기원을 찾는 입장이 있다. 길 버트 머레이가 말하고 있는 것처럼 호메로스와 헤시오도스에 의하여 이룩된 "헬라스에 있어서 일종의 종교개혁"인 올림포 스 신족의 형성이 인간의 자기실현과 세계 이해에 깊은 영향 을 끼쳤다고 보는 관점이다.[64] 서사시의 땅에서 출생한 헤로 도토스는 호메로스와 헤시오도스가 헬라스인들에게 신들을 선물했다고 증언하고 있다.

이교도적인 신앙이 지배하고 있었던 올림포스 산의 지배권 을 대체함으로써, 제우스를 정점으로 하는 헬라스의 종교가 확립되었다는 것은 무엇을 말하는 것인가? 올림포스 산의 신 의 세계가 제우스에 의하여 질서 잡혔던 것과 헬라스인들의 현실 세계는 어떠한 관련을 맺고 있는 것인가? 올림포스 신들 이 가진 의미의 충만함과 자연적인 것이 단지 인간사에 대한 그들의 개입을 통해서만 나타나는 것은 아니다. 이미 신들의 현존이라는 것 자체가 의미의 충만함과 자연적인 이미지를 부여하고 있었다. 헬라스인들에게서 '현 존재'라는 것은 신들 안에서 드러난다. 그래서 헬라스인들은 이 세계에 존재하는 위대하며 생명으로 넘치는 것들은 신들 가운데 순수하고 명료하게 표현되어 있다고 보았다.

'만물은 신들로 가득 차 있다'는 헬라스인의 생각은 헤시오도스에 이르면, 호메로스와 다른 어떤 생각들로 나타나기 시작한다. 『신들의 탄생』에서 무려 300여 명에 달하는 신들의 기원에 관하여 밝히고 있는 헤시오도스의 의도는 과연 무엇인가? 헤시오도스에 의하여 언급되는 신들의 목록은 다음과 같은 사소한 것까지도 지배하는 신들이다. 검푸른 색의 요정 그라우케, 섬 처녀 요정인 네사이에, 동굴의 요정 스페이오, 암초의 요정 아크타이아, 파도 위를 뛰어다니는 큐모토에, 파도를 움켜쥔 요정 큐모도케 그리고 장려(壯麗)한 요정 아가웨 등⋯⋯. 이들은 섬, 동굴, 암초(절벽) 사이에 퍼져서 활기차게 출렁대는 에게 해의 아름답고 생동하는 이미지를 나타낸다.

또, 이러한 목록 외에 항해와 고기잡이를 보호하는 일과 관련된 것들이 있는데(43-46행), 즉 일의 발단을 배려하는 프로토(Proto), 운반 및 목적지로 인도하는 처녀인 페에로사, 힘이 강한 처녀 뒤나메네, 영접하는 처녀 데샤메네, 주는 처녀인 도토, 모든 것을 보는 처녀 판오페 등이 그것이다. 이렇듯 지루하리만큼 신들의 명칭에 대한 기원과 계보를 세우려는 헤시오도스의 시도는 인간 세계에 질서를 부여하려는 의도에서 비롯된 것이다. 이는 올림포스의 신족들이 제우스를 정점으로 세계를 다스리는 그 기능의 분화와도 상응하는 정신의 작업이다. 신들의 이름에 대한 어원적인 해석은 세계의 기원, 즉 아르케에 천착하려는 헤시오도스의 근본적 경향과 부합한다. 이 점에서 그는 스넬의 말마따나 '철학자의 선구자'이다. 헤시오도스가 제우스를 세계에 질서를 주는 자로 내세우는 것은 결국 후세의 일신론을 예비하는 것이기도 하였다.

헤시오도스가 강조하고자 하는 것은 신들의 세계에 있는 질서와 정의이다. 이 점에서 헤시오도스는 자신이 호메로스의 세계에서 찾아낸 것을 넘어 멀찍이 나아간다. 그에게는 인간의 삶이란 비참하기 마련이고, 타락하게끔 되어 있다. 그는 '죽어야만 하는 것들'은 호메로스에게서와 마찬가지로 신들 앞에서 무력하고 연약할 뿐 아니라, 부정의하고 철면피와 같은 존재라고 생각한다. 이로써 우리들의 일상적 경험 세계와 마땅히 있어야만 할 세계의 본래 모습 사이에 놓여 있는 간격은 한층 넓어지게 마련이다. 이후에 등장하는 시인과 철학자들이 보다 분명하게 식별하게 되는 가상과 실재, 현실과 이데아 사이의 구별, 그 단초가 바로 여기서 열리게 되는 것이다.

어쨌거나 헤시오도스는 신의 계보를 정리함으로써 숭고한 의미를 지닌 존재의 의미가 무엇인가를, 높은 가치를 지닌 존재의 가치가 무엇인가를 물었던 것이다. 이로써 호메로스에게서는 충분하게 성숙되지 않았던 '체계'라고 말해지는 것의 최초의 구상이 잠재해 있는 유형적인 것, 보편타당한 것이 헤시오도스에게 이르러 개념으로서 정리되고 나타나게 되었다.

정치적 사고에서 철학적 사고에로

실증주의적 관점

장 삐에르 베르낭과 같은 역사 및 고전 사상가들의 연구에서 찾아볼 수 있는 관점은 매우 독특하다고 할 수 있겠다. 물론 이들의 관심사가 단순히 역사적인 사실에만 한정되는 것은 아니다. 그들 역시 신화는 단순한 이야기가 아니라, 그 자체의 논리가 있다는 점을 의식하고 있다. 이 방면의 연구자들 역시 신화가 가지고 있는 사회, 종교에 대한 철학적 의미를 파헤치는 작업에 관여한다.[65]

이 관점에 따르면 헬라스적 정신은 헬라스의 정치, 사회의 발전과 더불어 점차적으로 형성되었다. 대체로 이러한 역사적 사실에 입각하는 실증주의적 관점은 철학자들에게서 무시되어 왔던 것 같다. 이 입장은 뮈케네 문명으로부터 폴리스의 형성에 이르는 역사 발전의 과정 자체가 헬라스적 사유의 형성 과정이 되고 있다는 주장을 내세운다. 이러한 해석 태도는 사실적인 역사적 발전 과정에 의거하는 까닭에 다른 어떤 관점보다도 더 검증 가능한 주장이어서, 지나친 논리의 비약을 피할 수 있다는 장점을 갖는다. 다시 말해 설명할 수 없는 것을 설명하기 위해 동원될 수 있는 논리적(주관적) 상상력의 범위를 축소하여 보다 역사적인 '사실(데이타)'에 근거하는 논리성을 제공하는 이점을 갖는다. 그렇다고 해서 베르낭과 같은 역사 고전학자들이 역사적 사실만을 그대로 수용하고 있다는 것은 아니다. 그는 개별적 사실을 보편적 사실과 관련시킨다. 그래서 그는 면면히 이어 내려오는 역사 속에서 빠뜨릴 수 없는 중요한 사실들을 포착해내어 그 철학적, 사상적 의미를 명확하게 밝혀주고 있다.

서구 문화에 관한 고대 헬라스의 영향은 일반적으로 당연한 것으로 받아들여지고 있지만, 헬라스의 지적 생활의 역동성은 불명확한 채로 남아 있었다. 베르낭은 고대 헬라스인의 문화적 성취를 그들의 자연적, 사회적, 역사적 환경에 관계시켜 파악함으로써 그들이 믿었던 것이 그들이 '사는 방식'과 결코 분리될 수 없었다는 것을 간결하고도 명쾌하게 보여주고 있다. 베르낭은 정치 체제의 발전과 헬라스 정신의 발전이 맞물려 돌아가고 있다고 보면서, 헬라스의 정치사적 맥락을 늘 염두에 두고 있다. 그는 이와 병행하는 헬라스적 사유의 발전을 그 역사적 전개 과정, 즉 신화시대의 시원으로부터 시작하여 소크라테스 이전의 우주론적 사고의 시대를 거쳐 소피스트들의 시대에 이르기까지의 전 과정을 통하여 찾아보고 있다.

오리엔트와의 교섭과 문명의 형성

베르낭은 고전기 헬라스 정신의 기원을 기원전 12세기경 뮈케네의 군주 중심 권력 체제가 붕괴된 이후에 에게 해 연안에서 발생했던 사회적, 종교적 변화 속에서 찾아내려 한다. 그래서 베르낭은 "헬라스적 이성(합리성)의 탄생을 확증하고자 하며, 종교적 사고방식을 벗어 던지게 했던 그 길을 추적하고

자 하고, 나아가 헬라스적 이성이 신화에 빚지고 있는 것과 어느 정도나 신화에서 벗어났는지를 지적하고자 한다면, 우리는 뮈케네적 배경과 함께 기원전 8세기로부터 7세기에 걸쳐 헬라스가 새로운 출발을 시작했고, 특히 그 자체의 독특한 행로를 찾아내기 시작했던 그 전환점을 비교하고 대비해야만 한다"고 지적했다. 여기서 말하는 전환점이란 '오리엔트화'의 양식이 승리를 거두었던 바로 그 시점에서 '폴리스'의 통치에 대한 토대를 마련했던 결정적 변화의 기간이었다. 바로 이 시기가 정치적 사고의 세속화에 의하여 철학의 출현을 확실하게 했던 때라는 것이 베르낭의 생각이다.

유럽인들의 '고대 근동' 발견은 정말 우연이었다. 그들은 '오리엔탈리즘'이라는 이데올로기를 가지고 접근한 중동 지방에서 뜻하지 않게 '자기 모습'을 발견했던 것이다. '오리엔트'를 발견하면서 자기들의 정체성을 인식하게 되었고, 자신들의 문화 근간을 이루는 '고대 근동 문명'을 발견하였다. 인간 문명의 필수 요건인 '도시와 문자'가 처음으로 창조된 곳이 바로 고대 근동이었기 때문이다. 앞서 지적한 바와 같이 서양인들은 '고대 근동'을 문명이 아침의 해처럼 힘차게 떠오르는 곳이라 하여 '태양이 뜨는' 혹은 '동쪽의'라는 의미를 가진 '오리엔트(라틴어, oriens)'라고 부른다.[66]

폴리스의 형성과 아고라

베르낭은 이러한 관점을 빅토르 에렌버그와 함께 나누고

있다. 에렌버그는 폴리스라는 국가 형태가 지니는 의미에 관하여 다음과 같이 말하고 있다.

헬라스 문화를 보편적으로 표현하고, 또 전달한 것도 폴리스였다. 여기에는 두 가지 의미가 있다. 그 하나는 역사적 위업의 달성인데, 즉 호메로스 이래 헬라스 정신이 그 최고의 성취를 이룩한 것은 오직 폴리스였다. 또 하나는 주변의 비헬라스적인 세계와 구분되는 헬라스적 생활양식을 대표하는 것이 곧 폴리스였다는 점이다.[67]

기원전 12세기 도리아인의 침입으로 말미암아 뮈케네 왕국은 붕괴되었다. 궁전 중심의 체계는 완전히 파괴되어 헬라스 땅에서 결코 소생되지 못했다. 강력한 군주권의 붕괴는 정치적, 군사적, 경제적, 종교적 특권과 왕령(아르케)이 더 이상 한 사람의 손아귀에서 좌지우지되지 않고, 도시를 구성하는 여러 계급들에게로 분산되는 결과를 가져왔다. 이러한 정치적 변혁의 와중에서 생겨난 사회적 변화는 헬라스인들의 모든 정치적 생활과 사고에 대하여 심대한 영향을 미쳤다. 강력한 군주권이 무너지면서 사회를 통합하는 구심력은 투쟁과 결합의 정신인 에리스(eris)와 필리아(philia)였다. 즉, 대립적이면서 상호 보완적인 이 두 개의 신적 실재가 고대의 왕권 시대에 뒤따랐던 귀족 사회의 두 지주였다. 투쟁, 경쟁 그리고 대결의 가치에 대한 고양은 사회적 통합과 결속 요구와 더불어 시민들이 단일한 사회에 속해 있다는 의미와 연관되어 있다. 고귀한 신분의 가문에 활력을 불어넣는 경쟁(아곤) 정신은 모든 영역에서 드러난다. 실제로 폴리스의 정치 체제는 아곤의 형태를 띠고 있었다. 그것은 웅변적 경쟁, 쟁론적인 형태를 지니고 있다. 바로 그 무대가 공공의 광장인 아고라인데, 아고라는 시장이기 이전에는 회합의 장소였다. 말로써 경쟁하는 사람들, 웅변에 대해 웅변으로 맞서던 사람들은 이러한 계급적 질서를 갖는 사회에서 동등한 계급이 되었다. 모든 대결, 즉 모든 에리스는 평등의 관계를 전제한다. 경쟁은 단지 동등한 지위를 가진 사람들에게서만 일어날 수 있을 뿐이다. 사회적 생활의 논쟁적(경쟁적) 개념의 핵심에 이 평등주의적 정신이 깔려 있다. 이제 아르케는 더 이상 어떤 한 사람의 배타적인 속성일 수 없었다. 국가 그 자체는 모든 사적이고, 개인적인 성격을 박탈당하였다. 국가가 특정한 집단의 지배로부터 벗어나게 되었을 때, 국가는 모든 사람의 관심사가 되었다.

폴리스와 합리적 사고의 출현

베르낭은 합리적 사고의 출현, 즉 철학의 탄생은 폴리스에서의 생활을 특징짓는 공개된 정치의 출현과 밀접하게 연결되고 있다고 믿고 있다. 그는 뮈케네 사회의 중심이었던 강력한 왕의 궁전이 그 역할과 기능을 도시 국가의 중심에 위치하는 공개된 회합의 장소인 아고라에 넘겨주게 되었을 때, 이것에 수반하는 변화는 심각한 사회적, 문화적 함축을 갖는다고 지적한다. 그는 폴리스적 사회로의 전환은 인간에 관련된 정신적, 문화적, 정치적 사고에 깊은 영향을 불러일으켰으며, 인간의 전반적인 세계에 대한 새로운 이해를 가져왔다고 해석한다. 이에 관련해서 베르낭은 폴리스 체제가 빚어낸 합리적 사고의 생성 과정을 다음의 몇 가지로 나누어 설명하고 있다.

첫째, 폴리스의 성립은 사회적 생활과 인간의 관계를 지금까지와는 전혀 다른 형식으로 이루어지도록 하였다. 폴리스 체제는 무엇보다도 다른 모든 권력의 도구를 넘어서는 수단으로서 연설의 탁월성을 함축하고 있다. 특정한 사람의 권위가 아닌 인간의 말, 즉 연설이 훌륭한 정치적 도구가 되었으며, 국가 내의 모든 권위에 대한 열쇠가 되고, 다른 사람에게 명령하고, 지배하는 수단이 되었다. 연설은 더 이상 제의적인 말이나, 딱딱한 종교 언어가 아니었으며, 활발한 토론이고 논의이며, 논쟁이었다. 그것은 청중을 전제로 하는데, 폴리스의 시민인 청중은 앞에 있는 두 당사자들 사이에서 벌어진 승패를 손을 들어 가름하던 심판관이었다. 적대자에 대한 한 연사의 승리를 보장해 주는 것은 두 사람의 연설 중 어느 것이 더 설득적인가를 견주어 보는 순수한 인간적 선택이었다.

폴리스의 두 번째 특징은 완전한 공개성이었다. 폴리스의 정치적 생활에 있어서 공개성에 대한 이러한 계속되는 끈질긴 주장은, 원래는 아르케(명령, 군주권)를 보유하던 바시레우스(왕) 혹은 게네(귀족 가문)의 배타적인 특권이었던 통치 행위와 지식 그리고 소송 절차들을 집단에 의한 점증적인 점유화로

이끌어 갔으며, 또한 공중(公衆)의 시야 가운데로 그것들을 드러내게 하였다. 지식, 도덕적 가치 그리고 정신적 기술들이 공통 문화의 요소가 되면서, 그것들 자체는 공중의 여론에 내맡겨지게 되었고, 비판과 논쟁에 휘말리게 되었다. 그것들은 더이상 권력의 사적인 표식으로 남지 않았다. 그것들의 드러냄은 해석과 논쟁들을 다양하게 하는 주석과 열띤 논쟁을 촉진하였다. 이제 논의, 토론, 논쟁은 정치적인 게임일 뿐만 아니라 지성적인 것의 규칙이 되었다. 공동체의 냉혹한 통제는 국가의 활동뿐 아니라, 개인에 국한된 정신의 고안물에도 영향력을 행사하였다. 군주의 절대 권력과 구별되는 폴리스의 법은 국가의 활동과 개인의 고안물이 동등하게 '설명의 요구'에 종속되어야만 할 것을 요구했다. 그것들은 더 이상 개인적이거나 혹은 종교적인 권위에 의하여 부여될 수 없었다. 그것들은 변증술적 방식에 의하여 그 타당성을 논증해야만 했다.

폴리스와 서정문학의 시기

서사문학, 서정문학, 비극, 산문이라는 문학 장르의 발전 과정에 비추어 볼 때, 헬라스적 폴리스(즉, 도시 국가)는 서정시인의 시대에 들어서 성립되었다. 폴리스는 법에 의하여 질서잡힌 공동체였다. 서정 시인들에 의해서 각성된 개인의식의 성장과 폴리스라는 국가 질서가 같은 시대에 생겨났다고 하는 것은 전혀 모순이 아니다. 시민이 된다는 것과 수동적으로 이끌리는 일반 대중의 일원에 속한다는 것은 다르다. 법은 인간들을 서로 결합시키는 새로운 것이었다.

서정 시대의 종교적 생활에 있어서도 '뜻을 같이 하는 사람들'은 함께 모였다. 그 중에서도 이 시대에 널리 퍼져 있었던 퓌타고라스 학파와 오르페우스 교도들의 종파들은 공동의 희망과 신앙에 기초하는 종교 활동을 전개하였다. 이들 종파는 인간의 영혼을 배려하고 있는데, 거기에는 이 시대에 최초로 일어난 영혼관이 전제되어 있다. 그 영혼관은 앞서 스넬의 논의를 통해서 보았던 것과 같이, 각자가 하나의 '개성'으로 존재하며, 생각을 함께 하는 사람끼리 '동일한 정신'을 나누어 가질 수 있다는 생각이다. 따라서 인간은 '같은 정신'을 나누는 사람끼리 '같은 집단'을 구성할 수 있다. 즉, 같은 인생의 목표를 위해 수도하는 종교 집단, 정치적 이해를 같이하는 정치 집단 등을 구성할 수 있으며 또한 같은 집단의 구성원끼리는 동료애를 발휘할 수도 있다. 바로 이러한 정신적 각성이 폴리스의 토대를 형성하게 했던 기본적 개념인 '평등(이소노미아)'의 정신을 더욱 성장시켰다.

동일한 사상을 가진 사람들의 모임인 여러 철학 유파들의 성립도 서정 시대에 시작되었다. 가족, 씨족 부락 등과 같은 전통적인 집단들과 병행하여, 종교적으로 승인된 관습에 기초하는 것이 아닌, 정신적 결속에 기초하는 새로운 단체가 생겨나고 있다는 것은 유럽의 사회 구조에 있어서 결정적인 의미를 지니게 되었다. 만약 공통의 신념과 사상에 기초하는 당파, 종파, 학파 등이 유럽에 존재하게 된 기원을 더듬는다고 하면,

헬라스 초기의 알카익기까지 거슬러 올라가야 한다. 하지만 그 토대 위에 어떤 정신적 전제가 놓여 있는가 하는 점을, 우리는 서정시인들에게서 가장 명확하게 파악할 수 있다. 그 이유는 그들이 그 점을 말로써 표현하고 있기 때문이다. 서정 시대와 함께 성립된 폴리스에서의 '지식의 공개' 과정은, 정치적 생활의 도구인 연설과 더불어 보다 엄밀한 지적인 차원에서도 나타나게 되었다. 기록 수단으로서의 글씨는 공동 문화의 매개체가 되었고, 전에는 제한되거나 금해졌던 지식의 완전한 유포가 가능하게 되었다. 원래 페니키아인들로부터 빌려 와서 헬라스의 발음을 보다 정확하게 표기하기 위해 수정되었던 글자는 말하는 언어와 마찬가지로 널리 인지되었다. 글자가 모든 사람들 사이에서 쓰이게 됨으로써, 이러한 의사소통 기능을 성취할 수 있었던 것이다.

법과 평등의 개념

베르낭은 폴리스의 가장 중요한 특징인 '지식의 공개'가 폴리스에 가져온 또 하나의 정치적 변화를 지적하고 있다. 폴리스의 탄생과 더불어 일어난 가장 중요한 변화는 '법의 기록'이다. 법을 기록한다는 것은 비단 법의 영속성과 안전성을 보장하는 것일 뿐만 아니라, 또한 법을 '말하는' 기능을 가진 바시레이스의 사적인 권위로부터 법을 멀찍이 떼어 놓는 것이었다. 따라서 법은 공공의 자산이 되었고, 모든 사람에게 공평하게 적용될 수 있는 일반적 규칙이 되었다. 한 사람의 군주에 의하여 유지되었던 정의는, 더 이상 신적 질서 체계에 귀속되는 것이 아니다. 기록된 글자에 의하여 공중에 드러난 정의는 엄격한 인간 차원으로 구체화될 수 있었다. 정의는 곧 법이다. 동시에 정의는 모든 것에 공통하고 모든 것보다 우월한 원리로서, 또 논의에 따르고 법령에 의하여 수정되어야 하는 합리적 기준으로서 나타날 수 있었다. 그럼에도 불구하고 법은 여전히 신성한 것으로 이해되는 질서를 표현하였다.

베르낭은 폴리스의 정치적 구조와 그 공간적인 모습이 인간 사고에 얼마나 큰 영향을 불러일으켰는지를 강조하고 있다. 폴리스의 제도는 정치적 공간이라고 불릴 수 있는 것으로 구상되고 구체화되었다. 도시 공간의 조직화는 인간 세계를 질서 잡히게 하고 또한 합리화하고자 하는, 보다 일반적인 노력에 대한 한 측면이었다. 이 새로운 사회적 공간은 '중심'을 둘러싸고 조직화되었다. 크라토스(권력), 아르케(명령), 뒤나스테이아(힘) 등은 더 이상 사회적 계층의 정점에서 찾아지지 않는다. 그것들은 인간 집단의 중간에 위치하고 있다. 베르낭은 새롭게 형성된 폴리스의 구조적 공간 안에서 새로운 사고방식이 대두하게 되었다는 사실을 강조하고 있다. 이제 특별한 가치를 획득하게 된 것은 바로 이 '중심'이었다. 모든 개별자들과 집단들은 이 중심과의 관계에서 대칭적인 위치를 점유하였다. 지상 위에 있는, 이 공간적인 배열을 대표하는 아고라는 공적 공간의 중심을 형성하였다. 그곳에 들어간 모든 사람들은 바로 그 사실로 해서 동일한 자, 즉 이소이(isoi)로 규정되었다. 시민들은 정치적 공간인 아고라의 출현에 의하여 완전한 상호성의 관계로 접어들게 되었다.

헤스티아 코이네, 즉 공공의 화덕 제도는 이 정치적 공동체의 상징이었다. 대개 아고라 위에 설치되었던 프리타네이온 안에 이 공공의 화덕이 설치되었을 때, 그것은 어떤 의미에서 도시를 구성하는 다양한 여러 가정들로부터 동일한 거리만큼 떨어져 있게 되었다. 그것은 특정한 어느 한 사람과 동일시됨이 없이 그들 모두를 대표하였다. 사회적 공간은 '중심으로' 모아진 공간이었고 또한 공동의, 공적인, 평등적인, 대칭적인 공간이었다. 동시에 그것은 세속화된 공간이었고, 대결과 토론, 논쟁을 위해 의도된 공간이기도 하였다. 그 공간은 신들에 관계되는 신성한 문제들－히에라(신성한) 공간－과 대조되는 도시의 세속적인 관심사들－호시아(세속)－의 영역이었다. 이것은 종교적으로 구상된 공간인 아크로폴리스와 대조된다.

베르낭의 입장에 대한 비판적 반성

베르낭은 철학이 특정한 시기에, 즉 탈레스의 시대에 존재했다는 것을 암시하기 위해서 버넷의 오래된 주장을 소생시킨다. 그리고 콘포드에 의해 제기된 상이한 견해들의 장점을 강조한다. 앞서 언급한 바와 같이, 콘포드는 1912년에 출판된 그의 처녀작인 『종교에서 철학으로』에서 초기 헬라스 철학이 오랜 세월을 거친 사회적, 종교적 태도에 의하여 영향을 받았다고 지적한 바 있었다. 그뿐만 아니라 콘포드는 헬라스 철학이 순수 이성의 적용에 의하여 영향을 받았다는 점을 논증하기 위한 수단으로서 뒤르켐의 사회학적 이론을 사용하고 있다. 나중에 이러한 접근 방식에 변화를 보이기는 하지만, 그는 헬라스인들이 사용한 '이성'은 여전히 신화적 편견들과 신화적 사고 유형에 의해 크게 영향을 받았다고 주장한다. 그는 탈레스와 그의 이오니아 후계자들의 추정된 과학적 자질에 대해 의심을 품은 채로 신화적 사고들을 비판적으로 검토하고 있다.

베르낭 자신은 버넷에 의하여 암시되고, 닐슨과 로제(Rose) 등에 의하여 한결 명확해진 실용주의적인 접근 방법보다는 헬라스 종교와 신화에 관한 뒤르켐적인 사회학적 견해에 더 기울어지고 있다. 그럼에도 불구하고 그는 자신의 평가 방법으로 이 양자를 절충하는 방법을 채택하고 있다. 베르낭은 콘포드가 수행해 온 바와 같은 철학적 사고의 출현에 관한 신화를 통한 연구방법론을 받아들인다. 그는 철학적 사고의 기원에서 유일하게 문제가 되는 것은 고대의 비이성적인 찌꺼기 내지는 잔존물들의 확인이라는 점을 어느 정도 인정한다. 그는 여기에 머물지 않고 한 걸음 더 나아가, 우리가 관심을 기울여야 할 사항은, 철학 자체에서 근본적으로 새로운 것이 무엇인가 하는 점을 발견하는 것이라고 말한다. 이 점에서는 베르낭이 분명히 옳아 보인다. 그는 이것을 다음과 같이 규정한다. 첫째는 현상 세계를 설명하는 수단으로서 초자연적인 것의 거부이고, 둘째는 논증에서의 내적인 일관성의 탐구라는 것이다.

베르낭은 기원전 7~6세기에 발생해서 헬라스 사회 전반에 영향을 끼쳤던 일종의 '정신적 변화'의 결과로 철학이 출현했다고 보고 있다. 그도 다른 학자들과 마찬가지로 정치적 발전과 화폐의 발명과 같은 경제적 발전이 가져왔을 개연적인 자유화의 영향을 강조하고 있다. 그의 접근 방법은 거의 보편적으로 받아들여지고 있는, '철학적 사고'에 의하여 대체된 '신화적 사고'와 같은 것이 존재한다는 가설을 회피하는 큰 장점을 가진다. 그러나 그는 위험하게도 '철학이 되기 위해서 철학은 신화이기를 그쳐야 한다'는 자신의 신념과 혼동을 일으키고 있다. 그의 신념에는 철학이 일종의 변형된 신화라거나, 신화가 철학으로 바뀌기 위해서 그것에 보태질 수 있는 무언가를 반드시 필요로 한다거나 혹은 신화에서 무언가를 제거할 필요가 있다는 점을 내포하고 있다. 그가 바라보는 관점이 가지는 난점의 일부는 그가 지나치게 콘포드에게 집착함으로써 야기되는 것으로 볼 수 있는데, 특히 아낙시만드로스의 자연학적 이론들을 어떤 특정한 신화적 신념들의 합리화와 거의 다름이 없는 것으로 파악하고 있다는 점이 그것이다.

어쨌든 정치 사상가의 입장에 서 있는 베르낭의 관점은 고대 헬라스의 정신의 발전에 관한 우리의 이해에 중요한 기여를 하며, 새로운 자극을 만들어내고 있다. 베르낭은 정치적, 사회적 체제의 변화가 어떻게 순수한 이론적 사고의 발전을 가져왔는지를 명확히 한다. 그의 결론적 진술에 따르면 '이성'이 최초로 헬라스에서 표현되어 확립되고 형성된 것은 정치적 차원에서였다. 폴리스를 형성하기 위한 그들의 사회적 경험은 도시 국가에서 공중의 토론 역할을 했을 뿐만 아니라, 그 경험은 헬라스인들에게 실천적인 사유의 대상이었다. 신화의 몰락은 최초의 현인들로 하여금 인간 질서를 논의하도록 이끌고, 인간 질서를 지성이 접근할 수 있는 형식으로 정의하도록 만들었다. 인간 세계에 지성이란 척도와 양의 기준을 적용하고자 했던 노력도 바로 그 시점에서 기록된다.

바로 이 지점에서 엄격한 정치적 사고는 종교로부터 분리되어 그 자체의 개념들, 원리들, 이론적 목표들을 발전시켰다. 헬라스인들에게서 한 개인은 시민들로부터 결코 분리될 수 없었다. 프로네시스, 즉 '반성'이란 것도 그들의 이성과 그들의 시민적 권리를 동시에 발휘하는 자유인의 특권이었다. 시민들에게 전체적인 폴리스의 구조를 부여하고, 그 안에서 그들의 상호 관계를 고려하게 함으로써, 정치적 사고는 동시에 다른 영역에서의 그들의 사고를 조정하고, 형성하게 했다는 것이 베르낭의 해석이다.[68]

에필로그

    지금까지 우리는 유럽적 사고의 기원이 되는 헬라스의 사유의 연원을 여러 각도에서 살펴보았다. '신화적 사유에서 이성적 사유에로'라는 낯익은 표어를 이해하기 위해서는 여러 분야의 많은 지식을 필요로 한다. 종교학, 문학, 정치학, 역사, 철학, 과학 등 여러 개별 학문에 관련된 지식을 토대로 할 때에야 비로소 이 어려운 문제를 제대로 이해할 수 있다. 정작 우리가 탐구해야 할 대상은 이 글에서 본격적으로 다루지 못한 '신화란 무엇인가'라는 가장 본질적인 물음일 것이다. 이 점에서 우리의 논의는 미완성인 채로 남아 있을 수밖에 없다.

    우리는 주로 헬라스적 사고방식이라고 말해지는 합리적 정신이 어떤 과정을 거쳐 생성되었고, 어떻게 해서 서양 학문의 기본 정신인 합리적 사고를 가져왔는가 하는 역사적 발전 과정에 주목해서 이 글을 이끌어 왔다. 그래서 우리는 헬라스적 사고의 연원을 탐구하는 관점을 몇 가지로 나누어, '신화에서 철학으로' '오리엔트의 영향사적 의미' '문학 장르의 발전' '헬라스의 종교와 철학의 관계' '폴리스의 생성과 철학의 발생'이라는 문제를 중심으로 헬라스적 사유의 연원을 고찰했다. 이러한 문제들을 고찰함에 있어서 주로 기곤, 콘포드, 버넷, 브루노 스넬, 베르낭 등의 연구에 기대면서 이 글을 이끌어 왔다.

헬라스 철학의 기원에 관한 문제는 우리의 주된 관심이긴 하지만, 그리 쉽사리 해결될 수 있는 문제는 아니다. 위에서 살펴본 바와 같이 그 어떤 관점도 만족스런 답변을 주지 못했다. 어쩌면 이 물음은 '지금 그리고 여기서' 완결될 수 있는 성격을 지닌 문제도 아닐 것이다. 아리스토텔레스가 『형이상학』에서 소크라테스 이전 자연 철학자들의 철학사를 고찰한 이래로, 대략 기원전 6세기에 활동한 밀레토스 학파가 처음으로 과학적 성격의 체계적인 사고를 통하여 우주를 관찰하고 인간의 삶을 고찰했다는 것은 일반적으로 받아들여지는 사실이다. 그 이후 탈레스로부터 플라톤에 이르기까지 2세기에 걸친 자연 철학자들의 활동에 대한 직접적인 정보를 얻을 수 있지만, 그것들 대부분도 체계적인 서술이 아니라 단편적인 정보에 그치고 있다. 고전 철학사가들이 힘겨운 노력을 기울여 이 단편적 정보들을 통하여 체계적으로 '소크라테스 이전 철학'의 역사를 구성해냈다는 것을 우리는 잘 알고 있다.

이 세계의 본성과 질서에 관한 자연 철학자들의 탐구가 그들 이전의 신화적 사고보다는 더 체계적이고, 더 이론적이며, 더 합리적일 수 있다. 우리가 거의 이해할 수 없을 것 같았던 전-과학적 세계관을 우리가 이해할 수 있는 합리적 사고와 이성적 언어를 통하여 더 명료하게 드러냈다는 것도 부인할 수 없다. 그러나 우리가 로고스적 사유를 통하여 신화적 사유로의 연원을 다시 더듬어 가기 시작하자마자, 우리는 다시금 그 사고의 기반에도 여전히 이성적이고 합리적인 사유가 지배하고 있음을 발견하고는 어떤 '놀라움(thaumasia)'에 빠져들기 시작한다. 이 놀라움이야말로 다시금 신화적 사고를 연구할 필요성을 부여해 주는 것이다. 이 전-과학적인 사고는 모든 헬라스적 자연관과 과학적 사고에 근본적인 중요성을 지니는 것이고, 헬라스인들의 정치적, 윤리적, 철학적 사고에 침투하고 있는 것이다. 바로 이러한 사고들이 또한 고전기의 플라톤, 아리스토텔레스의 철학 형성에 거름이 되고 있다는 점을 간과해서는 안 된다. 이는 동시에 이성적인 눈을 통하여 신화적 사고의 근원을 되돌아보게 하는 학문적 이유를 제시하는 것이기도 하다.

주

1) M. Reinhold, *Past and Present : The Continuity of Classical Myths*(Hakkert, 1972), pp.53-54.

2) Wilhelm Nestle, *Vom Mythos zum Logos : Die Selbstentfaltung des griechischen Denkens von Homer bis auf die Sophistik und Sokrates*(Stuttgart, 1940)(1966; Scientia Verlag Aalen).

3) Jan Bremmer, "Rationalzation and Disenchantment in Ancient Greece : Max Weber among the Pythagoreans and Orphics?"(R. Buxton(ed.), *From Myth to Reason*, Oxford, 1998), pp.71-83 ; Glenn W. Most, R. Buxton(ed.), *From Logos to Mythos*(Oxford, 1998), pp.25-47.

4) Glenn W. Most, 앞의 글, p.30.

5) Thomas Heath, *A History of Greek Mathematics*, Vol. 1(Oxford, 1921), pp.3-6.

6) R. B. Louden, *Kant's Impure Ethics : From Rational Beings to Human Beings*(Oxford, 2000), p.99.

7) 아리스토텔레스, 『형이상학』 제1권, 제1장 982a1-2.

8) 아리스토텔레스, 앞의 책, 제2장과 제3장을 보라.

9) 김내균, 『소크라테스 이전의 헬라스 철학』(교보문고, 1996), p.18.

10) G. E. R. Lloyd, *Early Greek Science : Thales to Aristotle*, W. W (Norton & Company, 1970). 이광래 옮김, 『그리스 과학 사상사-탈레스에서 아리스토텔레스까지』(지성의 샘, 1996), pp.24-25.

11) 김상봉, 「공간과 질서 : 고대 그리스 신화의 세계 이해 방법」(『서양고전학연구』, 한국서양고전학회, 1997), pp.1-25.

12) Olof Gigon, *Der Ursprung der griechischen Philosophie, von Hesiod bis Parmenides*(Basel, 1945), p.13. 초기 헬라스의 여러 시 장르에서 시와 철학의 연관성을 탐구하는 대표적 저서로는 H. Fränkel, *Dichtung und Philosophie des frühen Griechentums*(München, 1962)를 들 수 있다.

13) Olof Gigon, 앞의 책, pp.9-40.

14) B. Snell, *Die Entdekung des Geistes*(Göttingen 1980). 김재홍 옮김, 『정신의 발견』(까치, 1994), 제3장 「헤시오도스의 신의 세계」.

15) 서양의 전통적인 합리론적 이성관에 대한 반성적 관점에서 신화적 사고의 본질을 구조주의적 측면에서 연구한 레비-스트로스의 『야생의 사고 *La Pensée Sauvage*』(안정남 옮김, 한길사, 1996)라는 저서는 뛰어난 작품으로 평가받는다.

16) W. K. C. Guthrie, 박종현 옮김, 『희랍철학입문』(종로서적, 1981), p.26.

17) B. Snell, 앞의 책, 제17장.

18) Jean-Pierre Vernant, *Les origines de la pensée grecque*(Presses Universitaires de France, 1962). 김재홍 옮김, 『정신의 발견』(까치, 1994), 제4장 「폴리스의 영적 우주」를 보라.

19) 베르낭, 『헬라스 사유의 기원』, 제4장, 제7장, 제8장 참조.

20) W. & M. Kneale, *The Development of Logic*(Oxford, 1962), pp.5-6.

21) W. Tatarkiewicz, *History of Aesthetics*, V. I(Mouton, 1970), Chap .2 참조.

22) 앙리 델라크로와(Henri Delacroix), 『언어와 사고 *Le langage et la pensée*』.

23) B. Snell, 앞의 책, p.208.

24) R. D. McKirahan, *Philosophy Before Socrates*(Hackett, 1994), p.10.

25) U. Von Wilamowitz-Möllendorff, *Platon : sein Leben und seine Werken I*(Berlin, 1909), p.348.

26) G. M. A. Grube, *Plato's Thought*(Methuen, 1935[1958]), p.150.

27) 헬라스 철학의 연원이 어디로부터 유래하는가에 관한 논의에 대해서는 김내균, 앞의 책, p.57, 각주 41을 보라.

28) 신화의 해석에 대한 19세기 초기 이래로 전개되어 온 상징적 해석론, 문헌학적 학파 이론, 자연신화론, 인류학적 학파 이론, 제의 이론, 다원 발생론(Polygenesis theory), 확산이론(Diffusion Theory), 프로이드 이론, 원형의식을 문제 삼는 융의 이론, 레비-스트로스의 구조적 이론, 역사-비판적 방법론, 유비 이론, 어원적 방법론 등 여러 학파의 관점에 관한 논의에 대해서는 M. Reinhold(앞의 책, pp.11-24)의 정리된 논의를 보라.

29) 이에 관한 더 자세한 사항에 관해서는 E. Cassirer, *Philosophie der Symbolischen Formen*(Darmstadt, 1924[1977]), 제2권 「신화적 사고」 ;

An Essay on Man(Yale Univ., 1944), 제7장「신화와 종교」; *The Myth of the State*(Yale Univ., 1946), 제1부의 제1장-제4장의 논의를 보라.

30) 베르낭, 『헬라스 사유의 기원』, 제7장을 보라.

31) John Burnet, *Early Greek Philosophy-Thales to Plato*, 3rd ed.(London, 1920), p.v.

32) John Burnet, 앞의 책, p.18.

33) F. M. Cornford, *From Religion to Philosophy : A study in the Origins of Western Speculation*(London, 1912). 남경희 옮김, 『종교에서 철학으로』(이화여자대학교출판부, 1995).

34) F. M. Cornford, 앞의 책, p.42 아래(남경희 옮김, pp.49-51) 참조.

35) B. Snell, 앞의 책, p.315.

36) Guthrie, W. K. C. (1953), "Myth and reason"(*Oration Delivered at the London School of Economics and Political Science on Friday*, 12 December, 1952(London)).

37) F. M. Cornford, *Principium Sapientiae, The Origins of Greek Philosophical Thought*(N. Y. : Harper Torchbooks, 1952[1965]), 특히 제1장「고대 자연 철학의 문제들과 목표」및 제3장「지식의 경험이론」을 보라.

38) F. M. Cornford, 앞의 책, 제10장「아낙시만드로스의 체계」를 보라.

39) 콘포드가 논의하는 아낙시만드로스로스의 우주론, 자연학적 이해에 관해서는 F. M. Cornford(1912), 앞의 책, pp.8-14, pp.174-178(남경희 옮김)을 보라.

40) B. Snell, 앞의 책, pp.202-203.

41) B. Snell, 앞의 책, 제10장 참조.

42) 플라톤, 『에피노미스』, 987D.

43) B. Farrington, *Greek Science; Its Meaning for Us*(Penguin Books, 1944[1961]), p.18.

44) 김성, 「이집트 창조신화의 지리적 배경」(신화아카데미 엮음, 『세계의 창조신화』, 동방미디어, 2001), pp.27-47 참조.

45) 배철현, 「에누마 엘리쉬 : 마르둑 신과 바빌론사에 대한 찬양시」(신화아카데미 엮음, 『세계의 창조신화』, 동방미디어,

2001), pp.51-105 참조.

46) 조요한, 「희랍 철학의 기원에 있어서의 동방의 영향」(『숭실 대학 논문집』 제 1집, 1967), pp.1-21. 기곤은 탈레스가 이집 트를 방문했었다는 헤로도토스의 전거를 들면서 탈레스의 생각에는 이집트의 영향이 있음을 지적한다(Gigon, 앞의 책, pp.49-51 참조).

47) G. E. R. Lloyd, *Methods and Problems in Greek Science*(selected papers)(Cambridge, 1991), 제12장 pp.286-287 참조.

48) Gigon, 앞의 책, p.58.

49) 아리스토텔레스, 『형이상학』 제1권, 983b20-984a5.

50) 클레멘스, 『문집』 VI 16(DK, 22B36).

51) 『신들의 탄생』 115행에 '거기에 최초인 것'이라는 언급은 아 낙시만드로스의 '아르케'란 말을 떠올리게 한다.

52) F. M. Cornford, 앞의 책(1952[1965]), 제11장은 헤시오도스의 우주론, 제12장은 헤시오도스의 제우스 찬가를 중심으로, 제 13장, 제14장과 제15장은 헤시오도스의 우주 발생론과 바빌 로니아의 마르두크의 신화와의 비교를 논하고 있다.

53) M. L. West, *Early Greek Philosophy and the Orient*(Oxford, 1971).

54) G. E. R. Lloyd, 앞의 책 pp.288-289 참조.

55) 웨스트는 이점을 여러 사실과 문헌 고증을 통하여 밝혀주고 있다.

56) M. L. West, 앞의 책, p.242.

57) 조요한, 앞의 글, p.2.

58) John Burnet, 앞의 책, pp.2-3.

59) B. Snell, 앞의 책, p.7.

60) 이들 개념의 분석을 통한 호메로스 시대의 인간 본성에 대한 논의에 관해서는 R. B. Onians, *The Origns of European Thought about the body, the Mind, the Soul, the World, time, and Fate*(Cambridge, 1951) ; E. R. Dodds, *The Greeks and the Irrational*, 5th ed.(California Univ. Press, 1951[1966]) ; A. W. H. Adkins, *From the Many to One*(London, 1970) 등을 참조하라.

61) B. Snell, 앞의 책, p.36.

62) 호메로스 시가 속에 이들 개념들이 나타나는 구체적인 대목 에서의 그 의미에 관해서는 B. Snell(1980) 제1장 「호메로스의

인간 이해」, Liddle & Scott(1968), *Greek-English Lexicon* 해당 항목 및 A.W. H. Adkins(1970), 앞의 책, 제2장 「호메로스의 세계」를 참조하라.

63) '정신과 신체'를 표상하는 언어 및 '본다'라는 다양한 동사에 관한 스넬의 의미 분석에 대한 보다 자세한 논의는 졸고 「호메로스의 시가를 통해 본 자아와 행위의 문제」(『철학』, 38집, 1992)를 보라.

64) G. Murray, *Five Stages of Greek Religion*(Oxford, 1925[1930]), 특히 제2장 "The Olympian Conquest"를 보라.

65) R. L. Gordon(ed.), *Myth, Religion & Society,* Structuralist essays by M. Detienne, L. Gernet, J-P. Vernant & P. Vidal-Naquet(Cambridge Univ. Press, 1981)을 참조하라.

66) 배철현, 「한국의 古代近東學」(『에머지』, 2003년 2월호).

67) Victor Ehrenberg, *The Greek State*(Methuen & Co. Ltd. 2nd ed, 1969), p.25.

68) 베르낭, 앞의 책, 「결론」을 보라.

그 리 스 사 유 의 기 원

펴낸날	초판 1쇄 2003년 12월 25일
	초판 3쇄 2012년 3월 16일

지은이   **김재홍**
펴낸이   **심만수**
펴낸곳   **(주)살림출판사**
출판등록 1989년 11월 1일 제9-210호

경기도 파주시 문발동 522-1
전화 031)955-1350   팩스 031)955-1355
기획·편집 031)955-4662
http://www.sallimbooks.com
book@sallimbooks.com

ISBN 978-89-522-0177-5 04080